당신이 떠난 자리에

핀 꽃을

내 방에 두었다

전은수 산문집

당신이 떠난 자리에
핀 꽃을 내 방에 두었다

초판 인쇄 2026년 2월 8일
초판 발행 2026년 2월 23일

지은이 전은수

발행인 윤경태
발행처 광연재

편 집 김신아
디자인 sinayno@gmail.com

출판등록 1999년 11월 15일(제01-1858호)
이메일 withcom@daum.net

값은 뒷표지에 있습니다.
ISBN 979-11-5690-056-6 03180

당신이 떠난 자리에
핀 꽃을
내 방에 두었다

전은수 산문집

廣硏齋

작가의 말

수행과 일상, 꿈과 현실, 무의식과 영혼의 결을 따라 떠나는 한 편의 내면 여정. 이 책은 불교적 사유와 깊은 감정의 흐름이 맞물려 그려낸 '의식의 자화상'이다.

이 책을 쓰는 동안 나는 나조차도 알지 못했던 내 안쪽을 천천히 걸었다. 기억은 어느새 오래된 풍경을 비틀고, 감정은 마치 낡은 꿈처럼 겹겹이 쌓여 말이 되었다. 이 에세이는 하나의 완결된 이야기가 아니라, 낮과 밤 사이 어딘가에 잠시 피었다 사라지는 감각의 기록이다.

익숙하면서도 낯설고, 현실 같으면서도 꿈 같은 순간들을 따라가다 보면, 당신의 기억 속에도 이와 닮은 시간이 하나쯤 떠오를지도 모른다.

책 속에서 나는 한 송이 연꽃의 고요함을 만났고, 오래전 사라진 누군가가 남긴 마음의 자리를 바라보았다. 그 순간들은 투명한 파동처럼 의식 깊은 곳으로 스며들어 현실과 영성, 과학과 신비가 맞닿은 미묘한 경계를 드러냈다. 물리학의 언어로는 설명되지 않는 어떤 진동이 마음을 흔들었고, 그 떨림에 귀 기울이며 나는 다시 한 번 나 자신과 세계를 마주하게 되었다. 이 책은 그런 내면 여행이자 동시에 당신을 향한 작은 초대이다. 때로는 침묵으로, 때로는 부드러운 빛으로 다가오는 존재와의 만남을 함께 느껴보길 바란다.

우리가 경험하는 현실은 눈에 보이는 것보다 훨씬 넓고 깊다. 그 안에는 보이지 않는 파동이 흐르고, 연기[緣起]의 옷을 입은 감정과 기억들이 우리를 감싸고 있다. 이 책을 통해 당신도 마음 어딘가에 숨어 있던 고요함을 발견하고, 잊고 지냈던 꿈의 조각들과 다시 만나길 바란다. 그 조각들은 당신이 걸어갈 길 위에 피어나는 한 송이 연꽃일지도 모른다.

그리하여 이 이야기 속에서 잠시 머무는 동안, 당신이 자기 자신과 세상에 대한 작은 깨달음을 얻길 바라는 마음으로 이 글을 남긴다.

2026년 2월 전은수

차례

제3부

제1부

문이 열리기 전, 그늘의 부름

경허의 노래

여름의 숨결이 서서히 잦아들며 나뭇잎들은 바람 속에서 마른 기척을 흘렸다. 아침 예불을 마치고 대웅전 앞뜰에 서서 산사의 풍경을 무심히 바라보았다. 그 순간, 깊은 계곡의 물살이 스치는 듯한 냉기가 등줄기를 따라 스며들었다. 가을이라 하기엔 너무 이른, 온몸이 소스라칠 만큼 선명한 냉기였다. 그 차가운 숨결이 스치는 찰나, 오래전 그날 밤의 풍경이 섬광처럼 되살아났다. 계절은 여전히 한낮의 열기를 품고 있었지만, 마음속 시간은 어느덧 그 밤의 문턱에 서 있었다.

그해 12월의 마지막 날, 서울엔 기록적인 폭설이 내렸다. 나는 텅 빈 사무실에 홀로 앉아 있었다. 오랫동안 운영하던 출판사를 정리해야 하는 날이었다. 밤낮없이 책상 앞에 붙들려

지내는 동안 쌓였던 책들과 회한들이 폭설 속으로 천천히 묻혀 갔다.

그런데도 끝내 눈물은 나지 않았다. 낙담보다 감정이 닳아 버린 듯한 무감함이 찾아왔다. 사십 중반은 슬픔을 드러내기보다 감정을 눌러 스스로를 지켜야 하는 나이인지도 모른다. 절망은 서서히 가라앉고, 슬픔은 체념으로 결을 바꿔 잔잔히 깔렸다. 그 무표정조차 낯설었지만 이제는 그런 자신을 담담히 받아들이고 있었다.

직원들에게 작별을 고하고 마지막 짐을 챙긴 뒤, 사무실 근처의 작은 오피스텔을 계약했다. 강아지 두 마리와 함께 지낼 수 있다는 말만 듣고 서명했던 곳이었다. 하지만 우리를 맞은 첫 목소리는 경비실 노인이 내지른 거친 호통이었다.

"이곳은 개 같은 거 출입 금지요!"

눈앞이 캄캄했다. 하루 종일 짐을 나르고 도착한 곳에서 들은 말이었다. 계약서 한 귀퉁이에 적힌 '애완동물 금지' 조항을 미처 확인하지 못한 탓이었다. 현실은 언제나 조물주 위에 군림하는 건물주의 세계였고, 그 앞에서 나의 사정은 한 줄도 예외가 없었다.

폭설 속에서 나는 길을 잃었다. 여린 생명들 앞에서 미안함이 서늘하게 가슴에 스며들었다. 작은 몸짓의 떨림마저 깊은 심연 속에 잠겨 버렸다. 세상은 그 밤, 나에게 단 한 곳의 여지도 허락하지 않았다. 결국 강아지들과 함께 일꾼들이 부려

놓은 책상 밑에 몸을 웅크렸다. 입고 있던 외투를 덮은 채 생애 가장 추운 밤을 버텼다. 바람은 본성과 의식의 가장 깊은 곳까지 비수처럼 파고들었다. 그 속에서 오직 떨리는 숨결만이 얼어붙은 밤을 지탱하는 마지막 온기였다.

다음날, 다른 오피스텔을 물색하며 이틀 사이 두 번의 이사를 치렀다. 겨우 짐을 정리하고 숨을 고르던 순간, 상자 속에서 오래된 독주 한 병이 굴러 나왔다. 잔에 술을 따르고 단숨에 마셨다. 눌러 참아온 눈물이 강둑이 무너지듯 흘러내렸다. 이 세상에 없는 엄마를 부르며, 무너진 삶과 잃어버린 시간들을 끌어안고 통곡했다.

그때였다.

테이블 맞은편 허공에 누군가 가부좌를 하고 앉아 있었다. 흰 바지저고리를 입은 옛 선비 같은 모습으로 공기 위에 가볍게 내려앉은 형체였다. 살아 있는 이에게서 느껴지는 생기나 온기는 전혀 없었지만 그 모습만은 분명했다. 공포도 불길함도 없었다. 오히려 그를 보는 순간 오래 눌러두었던 마음이 천천히 가라앉는 듯한 위로가 스며들었다. 나는 놀라면서도 안도하는 마음으로 눈을 비벼 다시 확인했다.

“당신은 누구십니까…?”

그는 아무 말 없이 처연한 얼굴로 나를 바라보았다. 나는 울먹이며 하소연하듯 말했다.

"가진 자들은 더 가지려고만 하는데… 이 불쌍한 중생들은 어쩌란 말입니까?"

그는 오래된 바위 틈에서 물이 스며 나오듯 낮고 묵직한 음성으로 말했다.

"인생이 원래 그러니라!"

말끝이 잦아들고 방 안은 다시 고요해졌다.

나는 그에게 매달리듯 물었다.

"그럼 저 같은 사람은… 어떻게 살아야 하나요?"

그는 망설임 없이 당연한 어조로 말했다.

"노래를 들어라!"

그 말은 먼 산에서 울리는 메아리처럼 방 안을 맴돌았다. 나는 오래전부터 내 안에서 흐르고 있던 소리를 이제서야 깨닫는 듯 고개를 끄덕이며 읊조렸다.

"그렇네요… 맞는 말씀입니다."

평소처럼 정태춘의 '북한강에서'를 틀어 두고 무심히 고개를 돌린 순간, 그는 이미 어디에도 없었다. 방 안에는 텅 빈 자리만 남아 있었고, 어둑한 밤의 공기는 마치 처음부터 아무 일도 없었다는 듯 다시 잠잠해졌다. 말없이 와서 말없이 떠난 사람. 그가 앉아 있던 자리는 비어 있었지만, 그가 머물다 간 숨결 같은 정적은 아직 방 안에 고여 있었다. 나는 한동안 그 자리를 바라본 채, 시간의 결이 느슨해진 틈 속으로 천천히 가라앉았다. 그때 문득, 마음 한켠에서 이런 생각이 떠올랐다.

'동방의 귀인이라면 묘법이라도 하나 알려주고 가지… 왜 그렇게 짧게 다녀갔을까.'

그날 이후, 그의 얼굴은 매일 마음속에서 또렷이 되살아났다. 종이 위에 그 윤곽을 몇 번이고 더듬어 그려 보았다. 누군가에게 털어놓기라도 하면 제정신이 아니라고 여길까 두려워, 오랫동안 혼자만의 비밀로 묻어 두었다. 그의 존재는 현실과 비현실의 틈에 얇은 그늘처럼 드리워져 있었고, 그 아득한 경계성 때문에 오히려 더 선명하게 남았다.

그날의 의문 하나를 품은 채 나는 심학산 자락에 터를 잡았다. 그가 남긴 짧은 한마디가 결국 내 삶의 발걸음을 이곳으로 이끌어 온 것이다. 그 밤 이후 그는 다시 모습을 드러내지 않았고, 그 까닭을 끝내 헤아리지 못한 채 남겨진 빈자리의 기척만을 가슴 깊은 곳에 오래도록 품고 있었다.

나는 십 년 동안 먼지처럼 부유했다. 그가 누구였는지, 왜 나를 찾아왔는지, 왜 그 한마디를 남겼는지 알고 싶어 산과 절과 책 속을 떠돌았다. 불교 서적을 더듬어 읽으며 오래된 수행자의 문장을 마치 나를 향한 암호처럼 붙잡아 해석했다.

절 마당을 걷는 일도 어느새 익숙해졌다. 새벽 안개 속 법당을 바라보면, 그날의 선비가 문틈을 지나 다시 걸어 나올 것만 같았다. 약수를 떠 마시는 일도 작은 의식처럼 이어졌다. 찬 물이 입술을 적시고 그 물길이 목울대 아래로 천천히 흘러내릴 때, 숨결에는 산의 내음이 스며들고 머리 위로 희미한 하늘빛이 고요히 번져갔다. 그 순간들마다 나는 그 밤의 의미를 아득히 더듬었다.

선비가 누구였는지, 왜 내게 왔는지, 무엇을 들으라 했는지. 그 모든 질문과 답이 허공의 빈자리마다 얇게 겹쳐 있었다. 나는 그 공허를 손끝으로 더듬듯 천천히 걸었고, 그 형상을 알아내려 매일 같은 길을 반복했다. 하지만 남겨진 말의 심지를 끝내 붙잡지 못한 채, 십 년이 그렇게 흘렀다.

그러던 어느 날, 무심코 한 권의 책장을 넘기던 순간이었다. 책 속에 펼쳐진 고승의 진영에서 시선이 멈췄다. 그날 밤 내 앞에 앉아 있던 모습과 조금도 다르지 않은 얼굴, 고요한 눈빛, 빛바랜 선비의 기운, 머리를 깎지 않은 유발의 모습까지 진영 속 인물은 다름 아닌 경허 스님이었다.

경허 대선사, 조선 말기 관습과 규범에 갇힌 수행을 뿌리째 거부하고 세속의 번뇌 한가운데로 스스로 뛰어든 선지식이었다. 허물과 방황, 실수 하나까지 외면하지 않은 채 그 모든 것을 품고 그 끝에서 깨달음에 이른 사람. 그의 삶은 교리보다 앞섰고, 말보다 강했으며 존재 자체가 하나의 수행이었다.

세상 사람들은 오래도록 이렇게 속삭여 왔다. 마음의 틈이 잠시 열리는 순간이면 그는 시공의 얇은 막을 비집고 흔적처럼 나타났다고. "본 사람은 없다"고 하면서도 아무도 그 말을 부정하지 못한 채 그렇게 말했다.

십 년 전, 삶의 가장 어두웠던 겨울밤 내 앞에 앉아 있던 그 선비는 사실 모든 것을 잃어버린 자리에서 내가 스스로 불러낸 '또 다른 나'였다. 그가 남긴 말은 세상의 음률도, 경전의 문장도 아니었다. 삶이 갈라지고 부서지는 그 지점에서 들리는 마음 깊은 곳의 울음을 끝까지 들어보라는 뜻이었다. 그 순간, 오래전부터 내 안에서 묵묵히 흘러오던 소리를 비로소 알아들었다.

경허의 노래

눈보라 속에서
나는 길을 잃었다.

작은 떨림들,
심연의 바닥까지 스며들고
바람 한 줄기
비수처럼 등을 그어 지나갔다.

아문 적 없는 슬픔은

끊임없이 길을 틔우고
그 길 끝에
내가 멈춰 선 순간

허공의 가장 깊은 틈에서
흰빛의 가부좌가
소리 없이 내려앉았다.

그때,
숨결 하나가
깊은 어둠 속으로
천천히 스며들었다.

“인생이 원래 그러니라!
그대, 노래를 들으라!”

그 말은
바위 틈 물소리처럼
서서히 배어올라
낮고 묵직한 울림으로
밤을 메아리쳤다.

말이 가라앉자
숨만 남고,

숨이 깊어지자

노래가 되었다.

그 노래는

경허의 숨결이자,

아득한 옛적부터

내 안에서 은밀히 흘러온

나의 소리였다.

날지 않는 새의 계절

노래는 끝났으나, 세계는 끝나지 않았다. 말이 물러난 자리에 침묵이 내려앉았고, 그 침묵은 비어 있지 않았다. 태초의 숨처럼 응결된 상태로, 아직 이름 붙지 않은 생명의 온기를 머금고 있었다. 경허의 목소리가 사라진 뒤, 나는 이전에는 닿지 못했던 음역에 들어섰다. 귀로 듣는 소리가 아니라, 뼛속에서 울리는 진동. 숨을 들이마실 때마다 보이지 않는 깃털 하나가 폐의 안쪽에서 천천히 몸을 뒤척였다.

문은 소리 없이 열렸다. 눈앞의 풍경은 변하지 않았으나, 세계가 나를 대하는 방식이 달라졌다. 빛은 더 이상 사물을 비추지 않고, 사물 안에서부터 배어 나왔다. 시간은 직선의 질서를 풀어놓고, 둥글게 나를 감싸며 흐르기 시작했다. 노래는 가르침이 아니었다. 그것은 의미를 설교하지 않고도 세계의 균형을 바로잡는 음성이었다. 새들 가운데 으뜸이라 불리던 존재가 인간의 음악을 알아보듯, 귀가 아니라 생의 깊이로 받아들이는 울림. 그 음성 앞에서 나는 배우는 자가 아니라, 이미 알고 있던 것을 비로소 기억해내는 존재가 되었다. 그 이후의 삶은 이전의 언어로는 더 이상 측량할 수 없는 영역에 속하게 되었다.

나는 여전히 같은 길을 걸었으나, 그 길은 더 이상 나를 시험하지 않았다. 세상은 등을 떠미는 대신 나와 함께 호흡했다. 변화는 번개처럼 오지 않았다. 그것은 오랜 잠복 끝에 깨어나는 신수[神獸]의 심장 박동처럼, 미세하되 거부할 수 없는 리듬으로 다가왔다. 아직 형상을 갖추지 않은 어떤 존재가, 나의 삶 깊숙한 곳에서 날개를 접은 채 때를 기다리고 있었다.

그 무렵 나는 약천사를 오르내리고 있었다. 불교대학에 입학하며 '불대생'이라는 이름을 얻었으나, 그것은 신분이라기보다 봉인에 가까웠다. 절은 장소가 아니었다. 그것은 하나의 차원이었고, 아무 곳에나 내려앉지 않는 존재만이 잠시 몸을 쉬게 하는 오동나무 같은 공간이었다. 이곳에서는 욕망이 아니라 절제가 양분이 되었고, 말 많은 소리 대신 속이 빈 대나무처럼 고요한 마음만이 오래 머물 수 있었다. 종소리는 공기를 가르며 오래된 생들의 기억을 흔들었고, 향은 타오르며 인간의 기도를 연기[緣起] 너머의 세계로 실어 나르고 있었다.

그 안에서 C는 이미 거기 있었다. 그녀는 나타난 것이 아니라, 늘 존재해 왔던 것처럼 보였다. 대웅전 돌 계단에서, 지장전으로 이어지는 나무 계단에서, 공양간 개수대 앞에서, 끊임없이 태어나고 사라지는 물소리 사이에서 그녀는 소리 없이 움직였다. 사람의 형상을 하고 있었으되, 인간의 시간에 온전히 속한 존재는 아니었다.

몸에는 살보다 세월이 먼저 쌓여 있었고, 뼈는 오랜 수행 끝에 불필요한 것들을 모두 태운 뒤 남은 유골처럼 단단하고 투명해 보였다. 나는 그녀를 볼 때마다 거의 확신에 가까운 감각에 사로잡혔다. 이 존재는 무리 속에 섞여 있어도 끝내 중심을 잃지 않는 자, 새들 가운데 으뜸이라 불리던 존재가 잠시 인간의 이름을 빌려 서 있는 것 같았다. 한때 날았던 적이 있다는 감각은 단순한 기억이 아니라, 이미 수많은 시선을 통과해 온 명성의 흔적처럼 남아 있었다. 하늘의 법칙을 알고 있으며, 지금은 다만 인간의 세계에 잠시 깃을 접고 머무르고 있을 뿐이라는 감각이었다.

사월 초파일을 앞두고 육법공양 연습이 시작되었을 때, 내 짝이 그녀로 정해진 일은 우연이 아니었다. 그것은 질서였다. 우리는 거의 말을 하지 않았다. 두 개의 몸이 하나의 리듬을 공유하며 움직일 때, 언어는 자연스럽게 불필요해졌다. 침묵은 가장 정교한 의식이 되었고, 반복되는 동작 속에서 나는 점차 인간의 몸을 넘어서는 감각을 배워갔다.

연습 첫날, 그녀는 나이를 물었고 한 살 차이라는 이유만으로 나를 언니라 불렀다. 그 한마디는 주문처럼 작용했다. 수십 년 동안 나를 감싸고 있던 생의 껍질이 조용히 갈라졌다. 우리는 그 순간, 아주 오래전부터 같은 신화에 속해 있었음을 서로 알아보았다.

초파일 당일, 절은 거대한 숨결로 뒤덮였다. 새벽은 의례를 위해 열렸고, 향연기는 하늘과 땅의 경계를 흐릿하게 지웠다. 한복을 차려 입은 나는 인간의 피부를 입은 제의祭儀의 일부가 되었다. 푸른 잎 사이에서 문득 드러난 붉은 깃처럼, 나는 나 자신이면서 동시에 나를 넘어선 형상이었다.

그날 나는 세상에 태어나서 해야 할 모든 인사를 한꺼번에 치렀다. 고개를 들고, 눈을 맞추고, 미소를 건네는 행위 하나하나가 오래된 업을 태우는 불길처럼 느껴졌다. 나는 오래 웃지 않는 사람으로 살아왔다. 네 살 무렵 어머니를 잃은 뒤, 웃음은 삼켜야 할 것이었고 밝음은 허락되지 않은 빛처럼 느껴졌다. 그러나 그날, 봉인되어 있던 생의 근원이 마침내 숨을 쉬기 시작했다.

"불법승, 성불하세요."

그 말은 축원이 아니라 호출이었다. 고개를 숙여 내뱉는 순간, 그 음성은 상대에게 닿기 전에 먼저 나의 심장을 관통했다. 접혀 있던 깃들이 미세하게 떨렸고, 보이지 않는 날개가 어둠 속에서 완전히 펼쳐졌다. 이미 열려 버린 문은 다시 닫히지 않는다는 사실을, 나는 그때 알았다.

그 이후의 세계는 다른 질서로 재편되었다. 나는 웃기 시작했고, 먼저 인사를 건넸으며, 거울 속의 얼굴을 더 이상 외면하지 않았다. 변화는 의지의 결과가 아니었다. 그것은 오래전부터 준비되어 있던 순환의 귀결이었다. 주지 스님의 배려와 C라는 존재가 아니었다면 이 질서는 드러나지 않았을 것이다. 모든 것은 하나의 악보 위에서 정확한 박자로 연주되고 있었다.

어느 날, 나는 새벽기도를 이어가고 있는 C를 떠올리며 치킨 한 상자를 들고 그녀의 집 앞에 섰다. 세속의 음식은 제물이 되었고, 그 순간 또 하나의 문이 열렸다. 그녀는 말없이 한 장의 그림을 내밀었다. 딸아이가 그린 봉황이었다.

그것은 상상이라는 말로는 다 담기지 않는 형상이었다. 나는 이 모든 이야기를 알고 있어서가 아니라, 보는 순간 이미 알아보고 있었다. 새들 가운데 으뜸으로 불리며 아무 나무에나 내려앉지 않고, 오직 오동나무 위에서만 몸을 쉬는 존재. 욕망의 곡식을 거부하고 대나무의 열매로 연명하며, 아름답기 때문에 노래하는 것이 아니라 노래함으로써 세계의 질서를 다시 맞추는 새. 인간의 음악을 듣고 감응할 수 있다는 오래된 전설은, 이 그림 앞에서는 하나의 사실처럼 느껴졌다. 오색의 깃은 세계의 다섯 기운을 품고 있었고, 기러기의 머리와 기린의 뒤, 뱀의 목과 물고기의 꼬리, 용의 무늬와 호랑이의 등은 존재의 여러 영역을 통과한 자만이 지닐 수 있는 표식처럼 보였다. 봉황은 곤륜산을 지나 약수에 깃을 씻고, 풍혈에서 밤을 보낸다. 세상이 스스로를 감당할 수 있을 때에만, 이 새는 자신의 모습을 허락한다.

그림 속 봉황은 완전하지 않았다. 그러나 바로 그 불완전함이 살아 있었다. 우리는 치킨과 봉황을 나란히 놓고 웃었다. 속세의 음식과 신수, 욕망과 상서가 하나의 식탁 위에 놓였다. 형이상학적이고도 우주적인 장면 앞에서, 나는 비로소 깨달았다. 봉황은 멀리서 날아오는 존재가 아니라, 이렇게 인간의 삶 한가운데서 조용히 태어나는 존재라는 것을.

집으로 돌아오는 길, 모든 것이 하나로 이어졌다. 경허의 노래는 문을 여는 진동이었고, 봉황은 그 문 안에서 천천히 자신의 형상을 받아들이는 생명이었다. 봉황은 외부에서 도래하지 않는다. 오래 움츠렸던 마음이 스스로를 감당할 수 있게 되었을 때, 그 안에서 태어난다.

그해 봄, 나는 노래 이후의 삶을 살기 시작했다. 아무도 알지 못했지만, 그 순간 세계는 하나의 봉황을 더 얻었다. 아직 날지는 않았으나, 아무 하늘에나 오르지 않는 법을 이미 알고 있는 존재를.

오동나무가 자라기를 기다리고,
대나무가 열매 맺을 때까지 노래를 아끼는 새처럼
나는 그렇게, 날지 않는 새의 계절을 살고 있었다.

날지 않는 새의 계절

어떤 문은
두드리지 않아도 열린다
소리 없이,
이미 열릴 준비가 되어 있었다는 듯이

그날 이후
사물은 제자리에 있었으나
공기는 다른 이름을 갖게 되었다

아무 나무에나 내려앉지 않는 새가 있다
욕망을 먹지 않고
침묵으로 연명하는 새
아름다워서 노래하는 것이 아니라
노래함으로써
세계의 균형을 맞추는 존재

나는 그 새를 보았다
무리 속에 섞여 있으면서도
중심을 잃지 않는 기척으로
날았던 기억 대신
기다림을 선택한 모습으로

그녀는 날지 않았다
그러나
아무 하늘에나 오르지 않는 법을
이미 알고 있었다

초파일의 밤
노래는 가르침이 아니었고
의미를 설명하지도 않았다
그것은
나를 향해 오래전부터
날아오고 있던 음성이었다

한 장의 그림 앞에서
나는 비로소 알았다
이 봉황은
하늘에서 내려온 상서가 아니라
이름 붙이지 못한 채
오래 품고 있던

내 안의 형상이라는 것을

나는 아직 날지 않는다
오동나무가 자라기를 기다리고
대나무가 열매 맺을 때까지
노래를 아끼며

지금은
날지 않는 새의 계절을
살고 있다

빛이 머무는 자리

아무런 약속도 없는 날, 시간은 나를 재촉하지 않았다. 늦은 아침의 햇살은 창가에 머물다 천천히 부엌으로 흘러들었고, 나는 그 빛을 갈아 넣은 듯한 토마토 주스를 마시며 하루를 열었다. 강아지들의 밥그릇을 하나씩 채우고 신문을 펼쳤을 때, 세상은 잠시 말수가 줄어든 것처럼 고요했다. 그 고요는 공백이 아니라, 무엇인가 도래하기 직전의 숨 같았다.

그때 같은 절의 도반인 H에게서 메시지가 왔다. "오늘 절에 가는 날이잖아." 나는 잠시 멈칫했다. 날짜가 아니라 기억의 문이 열리는 감각 때문이었다. "오늘이 무슨 날이더라." "영산재 입재일이잖아."

시계는 이미 예불이 시작될 시간을 가리키고 있었다. 몸은 준비되지 않았고 마음은 뒤늦게 깨어났다. 나는 급히 움직일

수록 어지러워지는 체질이라, 그날의 입재를 놓쳤다고 생각하는 편이 오히려 자연스러웠다. 그런데도 마음 한가운데에서 아주 낮은 음성 하나가 오래된 종처럼 울렸다.

그토록 기다리던 날 아닌가.

영산재. 부처님의 설법을 재현해 살아 있는 자와 이미 떠난 자의 시간을 겹치게 하는 의식. 스님들조차 평생 한 번 동참하기 어렵다는 그 장엄한 자리의 문턱에 내가 서 있었다는 사실이, 그제야 가만히 떠올랐다. 잊고 있었음에도 인연은 사라지지 않았다는 듯.

나는 염송을 반복하며 길을 나섰다. 관세음보살, 관세음보살. 그 이름은 기도가 아니라 흩어진 숨을 한곳으로 모으는 방식 같았다.

심학산 자락에 안긴 약천사. 지장전 법당은 이미 많은 숨결로 가득 차 있었다. 주지 스님의 염불은 짧은 생과 긴 생을 여러 겹 통과해 온 음성처럼 깊었다. 그 소리에는 이승을 떠난 넋들을 향한 연민뿐 아니라, 아직 이 땅에 남아 있는 생들에 대한 말 없는 당부까지 실려 있는 듯했다.

곧이어 회주 스님이 법좌에 올랐다. 그리고 한지 위에 간절히 씌여진 여덟 글자.

佛光遍照

國泰民安

불광변조 국태민안, 부처님의 빛이 온 누리에 비추어 나라가 태평하고 백성이 평안하길 바란다는 뜻. 스님의 설명을 들으며 나는 어느새 합장을 하고 있었다. 누가 시킨 것도 아니었고 결심한 것도 아니었다. 말이 몸에 닿기 전에 이미 마음이 먼저 고개를 숙이고 있었다.

입재를 마치고 돌아오는 길, 나는 스님이 써주신 휘호를 조심스레 가방에 넣었다. 사보에 실릴 글이었다. 집에 돌아와 휘호를 벽에 걸자, 방 안의 공기가 미묘하게 달라졌다. 오래 비어 있던 자리 위로 은은한 빛이 머물고 있는 것 같았다.

그날 밤, 강아지들의 저녁을 챙긴 뒤 소파에서 잠시 눈을 붙였다. 자정을 넘긴 시각 문득 눈을 떠보니, 휘호 아래 노령견 다행이가 조용히 엎드려 있었다. 그 곁에 작은 덩어리 하나가 놓여 있었다.

이상하다는 생각이 먼저 스쳤다. 다행이는 늘 같은 자리에만 용변을 보던 아이였다. 나는 조심스럽게 그것을 집어 들고 귀를 들여다보았다. 수년 동안 고통을 주던 귀 안의 종양이 거짓말처럼 사라져 있었다.

말은 쉽게 나오지 않았다. 기쁨도 놀라움도, 그 어떤 이름도 대신할 수 없었다. 다만 그 자리에 머물던 기적이 아직 떠나지 않았다는 감각만은 또렷하게 남아 있었다.

누군가는 말할 것이다. 거룩한 의식 뒤에 개 이야기라니 어울리지 않는다고. 그러나 나에게 그 순간은 민족의 안녕과 생명 하나의 고통이 같은 빛 안에 놓일 수 있다는 사실을 처음으로 받아들이는 시간이기도 했다. 생명의 경중은 사람과 짐승 사이에서 나뉘지 않았다.

나는 다행이의 귀를 다시 들여다보고 북쪽 하늘을 향해 두 손을 모았다. 소리는 내지 않았으나 이미 말은 충분했다.

그날 이후 알게 되었다. 빛은 멀리 있는 것을 비추기 위해 존재하는 것이 아니라, 우리가 손을 모은 자리, 외면하지 않고 바라본 생의 가장 낮은 곳에 먼저 머문다는 것을.

빛이 머무는 자리

그날
빛은 오지 않았다

다만
떠나지 않았다

기도가 닿지 못한 곳에
조용히 앉아
아프던 귀 하나를
먼저 바라보았을 뿐

국경도

이름도

종류도 묻지 않고

손을 모은 자리에서

빛은

그저

머물렀다

바람 따라 떠나는 이름들

아침 햇살이 심학산 능선을 감싸 안으며 천천히 퍼져 나갔다. 하늘은 맑고 투명했다. 어쩌면 오늘처럼 청명한 날을 기다렸는지도 모른다. 나는 마음속에 어른거리는 이름 모를 그리움과 떨림을 안고 길을 나섰다. 심학산 약천사에서 영산재가 봉행되는 날이었다. 평소에도 깊은 고요를 품고 있는 산사지만 오늘만큼은 유난히 무언가가 깃들어 있을 것 같은 예감이 들었다.

나는 가을 운동회를 처음 맞이하는 초등학생처럼 설렘 반, 긴장 반의 마음으로 산길을 올랐다. 스님의 목탁 소리도, 영가의 넋을 달래는 염불도 아직 들리지 않았건만 마음은 이미 수천 겁의 생과 사를 거슬러 영혼들의 자리로 향하고 있었다.

산사로 향하는 도로 양옆에는 오색의 만장들이 가지런히 걸려 있었다. 바람을 타고 흔들리는 흰 천 위의 먹글씨가 바람소리와 어우러져 마치 누군가의 목소리처럼 들렸다. 만장 하나하나가 구천을 떠도는 영가처럼 느껴졌다. 원통하게 스러져간 호국 영령들이 오랜 세월을 지나 이 자리에 줄지어 서 있는 듯했다. 이름 없는 넋들이 일렬로 서서 하늘을 올려다 보고 있는 형상이었다. 한 걸음 또 한 걸음 발끝이 땅에 닿을 때마다 나는 무언가를 밟고 지나가는 것 같은 경외감에 사로잡혔다. 마음속으로는 끊임없이 간절히 기도했다.

'그들이 삼악도를 벗어나기를… 고통을 내려놓고 극락왕생하기를….'

경내에 들어서자 거대한 약사대불이 가장 높은 곳에서 우리를 굽어보고 있었다. 그 자비로운 눈동자와 마주친 순간, 마치 내 안에 숨어 있던 불성이 깨어나는 듯한 전율이 일었다. 눈물이 왈칵 쏟아질 듯 치밀어 올랐다. 그리고 그 순간, 지장전 지붕 위로 특별한 형상의 구름 하나가 피어올랐다. 그 구름은 분명 불사조의 모습이었다. 꼬리를 뒤로 늘어뜨리고 북녘 하늘을 향해 날아가는, 생과 사의 경계를 초월한 신성한 새의 형상이었다. 나는 얼른 휴대전화를 꺼내 그 순간을 사진으로 담았다. 그 장면을 직접 본 사람이라면 누구라도 알 것이다. 그것은 단순한 자연현상이 아니었다. 분명 무언가가 도착했고, 또 무언가 떠나가고 있다는 신호였다.

영산재는 약사대불 앞에서 시련侍輦 의식으로 시작됐다. 주지 스님이 목탁을 두드리며 앞장서고, 그 뒤를 따라 만장을 든 신도들과 흰색 천을 손에 든 행렬이 이어졌다. 흰 천은 죽은 자와 산 자를 잇는 다리였다. 나도 어느새 그 행렬 속에 섞여 있었다. 흰 천을 어깨높이 들고, 대웅전 앞뜰을 지나 담쟁이넝쿨이 물든 돌계단을 따라 걸었다. 지장전 현판 앞에 이르렀을 때, 내 눈시울이 뜨겁게 젖었다.

죽은 자를 보내는 길에, 살아 있는 자가 따라 걷는다는 것. 그 단순한 사실이 얼마나 애틋하고 절절한 회향인지. 남은 자의 기도로 맺힌 넋을 풀어내는 일이 얼마나 숭고한 일인지, 나는 처음으로 온몸에 새기며 깨달았다.

그날 회주 스님의 기념사도 오래도록 마음에 남았다. 스님은 영산재를 준비한 사부대중에게 감사 인사를 전하며 조용히 말을 이었다.

"아프리카돼지열병으로 고통받는 축산업 종사자들과 죽어가는 축생들의 아픔을 기억하며, 올해 산사음악회는 조촐히 치르겠습니다."

나는 그 말씀에 마음 깊이 울컥했다. 죽은 자의 넋을 기리는 자리에 또 다른 생명의 고통을 함께 품는 마음. 그 배려와 자비는 이 시대에 우리가 지녀야 할 가장 아름다운 마음의 결이었다.

산사음악회 무대가 설치된 지장전 앞마당에는 화려한 의상을 입은 출연자들이 등장해 고전 무용을 선보이고 있었다. 북소리에 맞춰 춤추는 모습은 마치 영혼의 춤처럼 느껴졌다. 도반들과 함께 자리를 잡고 구경하던 나도 어느새 리듬에 맞춰 손뼉을 치고 있었다. 나는 멋쩍은 미소를 지으며 혼잣말처럼 나직이 읊조렸다.

"난 귀신인가 봐. 영산재를 보면서 이렇게 신이 날 수가 있을까?"

도반이 어이없다는 듯 웃으며 내 어깨를 툭 쳤다. 그 순간만큼은 산 자와 죽은 자가 같은 자리에 앉아 함께 웃고, 함께 춤추고 있는 듯했다. 경계는 사라지고 모두가 하나였다.

그날, 봄에 꾸었던 기이한 꿈이 떠올랐다. 영산재 소식을 처음 들었던 그날 밤의 일이었다. 꿈속에서 나는 쌀을 사러 나섰다. 그런데 집 앞 도로변에 참혹하게 훼손된 시신들이 끝도 없이 늘어서 있었다. 전사한 젊은 군인들이었다. 어떤 이는 팔이 없었고, 어떤 이는 다리가 없었으며, 또 어떤 이는 머리가 없었다. 그들의 몸은 절단되고 피범벅이었다. 도로는 핏물로 얼룩져 있었고 공기는 무거웠다. 간신히 쌀가게에 도착한 나에게 주인은 다짜고짜 말했다.

"전쟁 때 죽은 108명의 전사자들을 아직도 몰라요? 시신을 심학산 밑으로 옮겨온 게 언젠데….”

나는 겁에 질려 되물었다.

“왜 하필 우리 집 앞입니까?”

주인은 고개를 저었다. 그도 이유는 모른다고 했다. 나는 그 꿈이 예사롭지 않음을 직감했다.

다음날, 지장전 법당에 앉아 스님들의 염불 소리에 맞춰 절을 올렸다. 그리고 그 꿈속의 영가들을 위해 마음 깊이 새겨 둔 발원문을 읊었다.

호국 영령들을 위한 발원문

어린 몸으로 갔지요.
아직 한 사람도 다 되지 못한 채
철모와 군번줄만 남긴 채
차가운 흙 속으로 스며들었지요.

누가 불렀나요, 그대들을
불러도 대답 없는 그 전선에
아침도 없이 던져진 이름들
이제는 아무도 부르지 않아요.

눈 감은 그 얼굴 위로
흙먼지처럼 피어나는 꽃잎 하나

그대들이 미처 살아내지 못한 계절을
우리 살아남은 자들이 대신 맞이합니다.

기억은 바람이 되어
산골짜기를 맴돌고
그날의 총성과 절규는
지금도 꿈결처럼 매달려 있지요.

부디…
이 땅의 어머니가 그대를 품어
비로소 잠든 줄 알아주세요.
바람결 따라
만장 따라
더 이상 총소리 들리지 않는
그 먼 데로 가세요.

나는 그 발원문을 편백나무 독서대 위에 목각으로 새겨두었다. 매일 아침 촛불을 켜고 꿈속의 영가들을 위해 기도했다. 그 기도가 나를 이곳, 영산재로 이끌었는지도 모른다. 아니 그들이 나를 부른 것일지도 모른다.

영산재가 끝나고 하산하는 길, 가을 하늘 높이 매달린 만장들이 눈에 들어왔다. 처음 이 산을 오를 때 보았던 그 만장들이었다. 하지만 이번에는 달랐다. 참혹한 형체로 다가왔던 젊은 영가들의 모습이 이제는 황홀한 빛으로 변해 있었다. 그들이 지금은 부처님 곁에 머물고 있을지도 모른다는 생각이 들자 내 마음도 덩달아 가벼워졌다.

그날, 나는 배웠다. 슬픔과 기쁨이, 상실과 희망이, 삶과 죽음이 별개가 아니라는 것을. 죽은 자와 함께 걷고, 산 자로서 기도하는 법을.

새는 어디에 잠들어야 하는지

산길에는 언제나 바람이 먼저 길을 낸다. 사람이 오르기 전에, 생각이 닿기 전에 바람은 이미 방향을 정하고 풀잎 사이를 헤치며 내려간다. 예불을 마치고 홀로 산을 내려오던 날도 그랬다. 발걸음은 느렸고, 마음은 아직 법당의 온기에 머물러 있었으나, 바람은 한 자락의 망설임도 없이 산 아래를 향해 흘러가고 있었다. 마치 무언가를 인도하듯, 이미 결정된 길을 되짚어 보라는 듯이.

산 아래의 풍경은 오래도록 낯설었다. 한때 숲이었을 자리에 콘크리트의 제단들이 겹겹이 쌓여 있었다. 불 한 줄 켜지지 않은 회색 아파트들이 시루떡처럼 포개져 있었고, 그 곁에서는 또 다른 집이, 또 다른 벽이 자라고 있었다. 삶은 늘 더 많은 자리를 요구하지만, 그 자리를 얻기 위해 무엇을 밀어내고 무엇을 잃는지는 아무도 묻지 않는다. 바람은 그 풍경 위를 스치며 지나갔고, 나는 그제야 발걸음을 멈췄다.

길 위에 파란 새 한 마리가 떨어져 있었다. 날개는 가지런히 접힌 채였고, 몸은 아직 온기를 간직하고 있었다. 차창에 부딪혀, 소리 한 번 내지 못하고 생을 마친 듯했다. 하늘을 향해 열려 있던 방향이 갑작스레 끊어진 자리. 나는 한동안 그 새를 내려다보며 움직이지 못했다. 죽음은 늘 그렇게 조용히, 설명 없이 도착한다.

가방 속에 넣어 두었던 한지를 꺼내 새의 몸을 감쌌다. 그리고 무덤에 뿌릴 술 한 병을 사서, 다시 산을 거슬러 올랐다. 바람은 여전히 앞서 가고 있었고, 나는 그 뒤를 따라 천천히 숨을 맞추었다. 고요한 나무 그늘 아래 작은 무덤을 만들었다. 하얀 국화 한 송이와, 이미 오래전부터 내 안에 와 있던 푸른 마음 하나를 함께 묻었다. 그 무덤은 지금도 산의 자락, 양지 깊은 곳에 있다. 그곳에는 새의 몸만이 아니라, 내 마음의 한 조각도 함께 누워 있다.

며칠 뒤, 집 앞 산수유나무 아래에서 또 한 마리 새를 보았다. 이슬에 젖은 채, 긴 부리를 땅에 기댄 채, 날개를 고요히 접고 있었다. 검은 깃털 사이로 가슴에 꽂힌 하얀 깃털 하나가 눈에 들어왔다. 세상 모든 어둠 속에서도 희망은 끝내 사라지지 않는다는 듯, 그 깃은 미세하게 떨리고 있었다.

그 새를 바라보다 문득, 몇 해 전 구름이 되어버린 나의 반려견이 떠올랐다. 나는 늘 떠나는 것에 익숙하지 못한 사람이었다. 그래서인지 그저 지나치지 못했다. 땅을 부드럽게 다지고, 낙엽을 덮고, 푸른 잎을 따서 그 위를 살며시 덮어주었다. 입술 사이로 염송이 흘러나왔다.

'지장보살… 지장보살… 지장보살….'

숨결이 사위어갈 무렵, 나뭇가지 위에서 어린 새 한 마리가 울기 시작했다. 어미를 부르는 여린 울음이었다. 그 소리는 공기를 타고 내 마음속으로 스며들어, 오래 굳어 있던 어떤 가지 하나를 가만히 흔들어 놓았다.

해가 저물고 들판 위로 어둠이 내려앉았다. 하늘을 헤매는 여린 새 한 마리가 보였다. 낯선 울음을 토해내며, 몸짓도 소리도 허공 속을 더듬고 있었다. 무리를 잃은 것일까, 아니면 아직 무리를 찾지 못한 것일까. 그 무리가 어디쯤 날고 있는지, 나는 알 수 없었다.

등불 하나 밝혀 그 길을 비춰주고 싶었지만, 새가 어디에 잠들어야 하는지 나는 알지 못했다. 그 순간 문득 깨달았다. 어쩌면 그 새는 바로 나였는지도 모른다는 것을. 세상이라는 황량한 들판에서 울며 날던 한 시절의 나. 무리를 찾지 못한 채, 하늘과 땅 사이를 떠돌던 존재.

우원迂遠의 길을 돌아, 미망의 바람을 지나 불도라는 등불 아래에 이르렀을 때, 모든 것이 서서히 밝아지기 시작했다. 길은 처음부터 없었던 것이 아니라, 다만 어둠 속에 가려져 있었을 뿐이었다는 사실을 나는 그제야 알았다.

그러니 저 여린 새도 언젠가는 무리를 다시 찾을 것이다. 그리고 마침내, 어둠을 넘어 자신만의 하늘을 향해 날아오를 것이다. 그날이 오면, 그 새는 비로소 알게 되리라. 어디에 잠들어야 하는지.

잠자리는
하늘이 아니라

다 날지 못한
날개의 기억이
조용히 내려앉는 곳

밤이 길을 덮고
울음이 잠잠해질 때

새는
비로소
자기 안에
몸을 눕힌다

스님의 방석

겨울의 끝자락, 약천사 대웅전 앞에서 나는 문득 발걸음을 멈추었다. 바람은 아직 매서웠고, 돌계단 위엔 마른 나뭇잎 몇 장이 바스락거렸다. 절은 계절이 먼저 찾아오는 곳이다. 속세보다 먼저 겨울이 스미고, 조금 일찍 봄이 오는 곳. 그곳에서 나는 처음으로 계절이 아닌 마음의 흐름에 귀 기울이는 법을 배웠다.

불과 1년 전, 그날도 찬 바람이 불었다. 하지만 내면의 바람은 더 거셌다. 겉으론 멀쩡해 보였지만 나는 오래된 도자기처럼 금이 가기 시작한 상태였다. 아주 작은 진동에도 쉽게 깨져버릴 것 같았다. 일상은 무의미하게 반복되었고 질문은 붙잡히지 않았다.

‘나는 누구인지, 왜 살아야 하는지, 삶은 어디로 흘러가는 것인지….’

그 모든 질문 앞에서 나는 멍하니 서 있을 뿐이었다. 어느 날 새벽, 이유도 모른 채 눈물이 흘렀다. 말로 할 수 없는 무게가 가슴 깊은 곳에서 밀려 올라왔다. 그때, 내 안에서 아주 작은 소리가 들려왔다.

‘이대로는 안 되겠구나.’

그렇게 나는 약천사의 불교대학에 등록했다. 무언가를 배우기 위해서가 아니라 그저 조용히 있어도 괜찮은 공간이 필요했다. 누군가의 말보다 침묵이 진리로 들리는 곳, 무너진 마음을 놓아둘 수 있는 어딘가가 필요했다.

처음 만난 스님은 따뜻한 염화미소로 나를 맞아주셨다. 그 미소 앞에서 나는 얼어붙은 사람처럼 말문이 막혔다. 올라오던 질문들은 어린아이처럼 불안하기 그지없었다.

“길을 걷다 얼어 죽은 나무를 보았습니다. 너무 불쌍해서 집 안에 두었는데, 사람들이 죽은 나무는 집에 두면 안 된다고 하더군요. 그런데 저는… 버릴 수가 없습니다. 어떻게 해야 할까요?”

지금 생각하면 그 질문은 너무도 감정적이고 순진했지만, 스님은 단 한 번도 가볍게 여기지 않으셨다. 잠시 미소를 머금고 이렇게 말씀하셨다.

"집 안에 두고 매일 쓰는 가구나 집기들 중에 살아 있는 나무가 있던가요?"

그 말은 내 안의 집착을 비추는 거울이었다. 불쌍했던 건 나무가 아니라, 잊지 못하고 살릴 수도 없는 감정을 끌어안고 있었던 나 자신이었다.

며칠 뒤, 나는 그 나무를 햇살 드는 감나무 아래에 놓아주었다. 그곳에서 나무는 살아 있는 것도, 죽은 것도 아닌 채로 존재했다. 그리고 나도 존재하는 법을 조금씩 배워가기 시작했다.

스님의 수업은 언제나 질문으로 시작되었다. 정답을 요구하지 않는 질문들. 스스로 묻고 스스로 헤아리게 하는 질문들.

"거지는 밥을 구걸하고 부처님도 탁발하여 공양을 받으셨습니다. 이 둘은 무엇이 다를까요?"

침묵이 길게 흐르고 누군가는 '마음가짐'을, 누군가는 '의도'를 말했다. 스님은 조용히 고개를 저으며 말씀하셨다.

"거지는 자기가 부처인 줄 모르고, 부처님은 자기가 부처인 줄 압니다."

그 말은 내 안에 오래 잠들어 있던 질문들을 흔들었다. 수없이 나를 탓하던 시간들, 스스로를 부끄러워하던 순간들이 무너졌다. 대신 마음 한가운데 작은 중심이 생겨났다. 그 중심은 울음을 참는 법이 아니라 울음을 들여다보는 법을 가르쳐주었다.

'그래, 나도 부처였구나. 나는 나를 부끄러워할 존재가 아니었구나.'

이 깨달음은 삶의 기준이 되었다. 예전에도 불교를 공부하고 경전을 읽고 명상을 흉내 냈지만, 그 모든 시도는 어쩌면 빛 없는 거울을 바라보는 일이었는지도 모른다. 나는 '아는 것'과 '닿는 것'의 차이를 몰랐다. 그저 복도 끝, 잠긴 문 앞에 오래 앉아 있었을 뿐이었다. 그리고 약천사에서, 스님 앞에서 처음으로 알게 되었다. 그 문은 안쪽에서 열릴 수도 있다는 것을.

가을이 깊어가던 어느 날, 도반들과 공양을 마치고 차를 나누던 중 왈칵 눈물이 쏟아졌다. 자꾸만 흔들리는 스스로가 부끄러워 고개를 들 수 없었다. 멀찍이 앉아 계시던 스님이 손짓하셨다. 나는 도반들의 시선을 지나 조심스레 스님께 다가갔다. 스님은 아무 말 없이 차 한 잔을 내어주셨다. 그 향기로운 차는 말보다 더 깊은 위로였다.

"비마悲魔가 또 발동하셨네요. 괜찮습니다. 슬픔은 당신을 해치지 않아요. 오히려 당신이 '느낄 수 있는 존재'라는 증거지요."

그 순간, 세상이 맑아졌다. 슬픔조차 감사히 껴안을 수 있는 마음이 생겼다.

졸업식 날, 법당을 둘러보다 문득 시선이 머문 곳이 있었다. 스님의 방석. 색이 바래고, 이마와 무릎 자국이 선명하게 남아 있는 자리. 수많은 새벽과 밤, 그 자리는 침묵의 기도와 명상으로 눌려 있었다. 나는 생각했다.

'중생을 위해, 고요한 깨달음을 위해 스님은 얼마나 많은 시간을 그 위에서 무릎 꿇고 고뇌하셨을까.'

그 방석 하나는 수백 권의 경전보다 더 큰 울림이 되었다. 말로는 전할 수 없는 진심, 고요하지만 단단한 수행의 무게가 거기 있었다.

그리고 그날 밤, 오래전 꿈 하나가 떠올랐다. 안개 속 산길을 걷다 도착한 초막, 그 안에 앉아 있던 얼굴 없는 사람, 그 앞에서 나는 조용히 무릎을 꿇었다. 그 사람의 자리에는 지금 법당의 방석과 너무도 닮은 것이 깔려 있었다. 그건 단지 꿈이 아니었다. 아마도 그때부터 나는 이 자리에 앉을 준비를 하고 있었는지도 모른다.

시간은 직선이 아니라 원처럼 돌고 도는 것이기에 이제는 나도 방석을 하나 가져야겠다고 생각한다. 아직 작고 흔들리는 마음이지만 매일의 삶 속에서 나를 비우고 중심을 세우는 연습을 시작해야겠다고.

'합장합니다. 스님, 고맙습니다. 그리고 저도 이제 시작하겠습니다.'

깨달음은 화려한 말이나 대단한 지식이 아니라, 고요한 반복과 침묵 속에서 자라나는 것. 그리고 언젠가 나만의 방석 위에 남겨질 작은 자국 하나가 또 다른 누군가의 '처음'을 열어주는 자리가 될 수 있기를.

나는 오늘, 다시 한 걸음의 수행을 시작한다.

달빛 아래, 사라진 스님들

믿음은 때로 사라진 이들의 그림자를 따라 걷는다. 달빛은 그 길 위에서 허상과 진실을 비추며 고요히 미소 짓는다. 그 빛을 따라가다 보면, 어느새 현실과 꿈이 겹쳐지는 산사의 겨울에 닿는다.

약천사의 겨울은 언제나 잠든 듯 고요했다. 바람은 낮게 울고, 멀리서 강의 숨결이 산을 감싸 안았다. 그 적막의 한가운데, 정월대보름을 앞둔 지장전 앞마당에는 묘한 생기가 번지고 있었다. 볏짚으로 엮은 달집이 탑처럼 세워지고, 오색의 소원지들이 겨울 햇살에 부드럽게 반짝였다. 바람이 불 때마다 그것들은 오래된 기도의 깃발처럼 하늘로 흩날렸다. 나는 그 풍경을 바라보다 문득 오래전의 기억 한 조각을 떠올렸다.

어릴 적 고향의 대보름날도 늘 활기가 있었다. 어른들은 논두렁에 짚을 쌓아 달집을 세우고, 달이 떠오르면 달집에 불을 올리고 소원을 빌었다. 바람을 타고 퍼지는 연기 냄새, 풍물패의 장단, 아이들의 웃음소리가 한데 뒤섞였다. 그 속에서 아버지는 막걸리를 따라놓고 두 손을 모으셨다. 불빛이 얼굴을 비출 때마다, 나는 세상에서 가장 따뜻한 사람을 보는 듯했다. 그 장면은 지금도 마음속에서 낡은 흑백사진처럼 빛을 잃지 않는다.

그 기억이 이끄는 듯, 나도 달집에 소원지를 달기로 했다. 그러나 막상 종이를 마주하자 한참을 망설였다. 그때 어디선가 흘러나온 듯한 노랫가락이 귓가를 스쳤다.

'우리의 소원은 통일, 꿈에도 소원은 통일….'

익숙한 선율이 입술에 맴돌았다. 나는 그 가사를 그대로 옮겨 적었다. 다른 한 장에는 소중한 이들의 이름과 '소원성취' 네 글자를 써 넣었다. 글씨를 새길수록 마음 어딘가에서 오래된 그리움이 스르르 깨어나는 듯했다.

옆에서는 한 남자가 소원지에 얼굴을 바짝 들이밀고 무언가를 길게 써 내려가고 있었다. 그의 손끝에서 잉크가 번지는 모습이 묘하게 간절해 보였다. 사람마다 짊어진 사연의 무게는 다르겠지만, 결국 바람 앞에서 태워 보내야 하는 것일지도 모른다. 우리의 소원은 언제나 '이루어지지 않은 것'의 이름을 가지고 있었다.

며칠 뒤, 봉사하던 산사에 함박눈이 내렸다. 잠시의 눈이었지만 세상은 순식간에 하얗게 변했다. 절집의 지붕 위로, 달집 위로 천천히 내려앉는 눈송이들이 숨을 쉬는 듯 고요했다. 사람들은 놀란 듯 웃음을 터뜨리며 마당을 뛰어다녔다. 그 순간, 나는 그 풍경이 현실인지 꿈인지 알 수 없었다. 하얀 눈이 덮인 달집은 달빛처럼 빛났고, 그 위에서 시간은 아주 느리게 흘렀다. 세상의 모든 소원이 잠시 멈춰 선 듯했다.

정월대보름 밤, 달은 구름 사이로 천천히 고개를 내밀었다. 지장전 안에서는 동안거 해제를 알리는 법회가 열렸고, 회주스님의 법문이 맑은 공기를 타고 퍼졌다. 법회가 끝나자 사부대중은 삼재액막이 봉투를 머리에 이고 법당을 돌아 절마당으로 나왔다. 나무아미타불의 염송이 이어지고 사람들의 숨결이 하나의 파도처럼 일었다.

그때, 누군가 달집에 불을 붙였다. 불길이 번지자 세상의 소리가 잠시 멎었다. 바람은 불꽃을 부추겼고, 오색의 소원지들이 타오르며 붉은 비늘처럼 흩날렸다. 그 빛은 마치 달로 향하는 길 같았다. 누군가에게는 저승으로 이어지는 길, 또 누군가에게는 이승의 희망을 밝히는 길이었다. 나는 그 불길을 오래 바라보았다. 타는 냄새와 함께 마음속 오래된 응어리들이 서서히 녹아내리는 기분이었다.

행사가 끝나고 산길을 내려오는데, 등 뒤에서 누군가 "보살님!" 하고 불렀다. 돌아보니 SUV 차량 한 대가 서 있었고, 스님 두 분이 타고 있었다. 노스님이 주머니에서 무언가를 꺼내 젊은 스님에게 건네자, 그 젊은 스님이 환한 얼굴로 내게 다가왔다.

"보살님 얼굴에 부처님의 광명이 비추고 계십니다."

그 말에 어리둥절했지만 이상하게 따뜻했다. 그는 황금빛 거북이 열쇠고리를 내 손에 쥐여주며 말했다.

"노스님을 모시고 약천사 행사에 들렀다가 백양사로 가는 길입니다."

그 말이 어쩐지 오래된 인연처럼 느껴져 나는 작은 정성이라며 5만 원권 지폐 한 장을 내밀었다. 그들의 미소는 달빛 아래에서 한층 부드러워 보였다.

하지만 다음 날 들려온 소식은 전혀 달랐다. 그들은 가짜 스님들이었다. 절집마다 돌아다니며 황금 거북이 열쇠고리와 함께 돈을 받아내던 자들이었다. 잠시 멍해졌다가 이내 웃음이 새어 나왔다. 그렇게까지 공을 들였다면 그것도 일종의 예술 아닐까. 세상에는 진짜보다 더 정교한 거짓이 많으니까.

이상하게도 그날의 기억은 슬프지 않았다. 오히려 마음 한 구석이 따뜻했다. 그들이 가짜이면 또 어떠하랴. 그 밤의 불길이 진짜였고, 달빛이 진짜였으며, 그 순간의 내 믿음이 진짜였던 것을. 나는 여전히 그들이 석양을 등지고 백양사로 향하고 있다고 믿는다. 길 위의 그림자처럼, 사라졌으나 사라지지 않은 채로.

삶이란 어쩌면 그런 것일지도 모른다. 진짜와 가짜, 믿음과 환상의 경계 위에서 우리는 매일 작고 낭만적인 착각을 만들어가며 산다. 그 착각이야말로 우리를 하루 더 견디게 하는 빛일지도 모른다. 때로는 스스로 지어낸 믿음이라도 좋다. 그것이 내 마음의 달집을 다시 타오르게 한다면.

오늘도 달빛 아래에서 사라진 스님들의 그림자를 아련히 떠올린다. 그 길 위에서 다시 믿음은 고요히 미소 짓는다.

백일의 봄

겨울이 끝나가던 어느 날이었다. 삼라만상이 조금씩 제 몸을 풀며 봄을 맞을 준비를 하던 그 무렵, 누구도 상상하지 못했던 전염병이 전 세계를 잠식했다. 뉴스에서는 하루 종일 낯선 이름을 읊조렸다. '신종 코로나바이러스 감염증' 마치 어디선가 막 튀어나온 단어처럼 낯설고 서늘했다. TV 속 전문가들은 연일 "사회적 거리두기"를 말했고, 사람들은 서로를 피하며 눈을 마주치지 않았다. 도시의 시간은 멎은 듯 고요했고, 사람들의 마음은 조용히 무너져 내리고 있었다. 그런 혼란의 한가운데서, 나는 문득 오래전 기억 속으로 미끄러져 들어갔다.

그 첫 번째 전염병의 기억. 지금은 누렇게 바랜 흑백사진

같은 유년의 봄이었다. 초등학교 1학년, 나는 '백일기침'이라 불리던 병에 걸려 있었다. 긴 겨울 내내 마르지 않던 마른기침은 좀처럼 나을 기미가 보이지 않았고, 그 상태로 학교에 입학했다. 언니 손에 이끌려 조심스레 들어선 교실에서 나는 내내 기침을 참아야 했다. 그러나 참는다고 멈춰질 기침이 아니었다. 한번 터지면 숨도 쉬지 못할 만큼 이어졌고, 아이들은 놀라 도망쳤다. 몇몇은 연필이나 공책을 내게 던지기도 했다. 어쩌면 내가 아니라 내 안에 있는 무언가를 무서워했던 것이다. 나는 두 팔로 머리를 감싸며 책상에 엎드려 있었다. 떨고 있었던 건 몸이 아니라 마음이었다.

그즈음이었다. 봄빛이 살며시 스며들던 어느 날, 옥빛 저고리에 하얀 치마를 곱게 차려입은 여인이 우리 집에 들어왔다. 나의 새엄마였다. 갓 시집온 젊은 새댁은 그렇게 열병에 시달리는 어린 의붓딸의 병간호로 신접살이를 시작했다. 나는 입학하자마자 휴학을 했고, 하루 종일 이불 속에 몸을 웅크린 채 그 시간을 견뎠다.

시골 동네에는 병원이 없었다. 작디작은 약국 하나가 전부였지만, 그곳에서도 내 병을 고칠 약은 없다고 했다. 지금 돌아보면, 치료제도 백신도 없었던 그 병은 내게 '백일 동안의 코로나'와도 같았다. 고립, 두려움, 불확실성, 그 모든 것이 내 안에 먼저 도착했던 것이다.

청양이 친정이라는 새엄마는 어디선가 들은 민간요법들을

총동원했다. 참새를 아궁이에 넣고 구운 뒤 가루로 빻아 먹였고, 수세미즙을 짜서 코를 막고 들이키게 했다. 아주까리기름 한 숟갈을 억지로 삼킨 날도 있었다. 기침은 여전했고, 그로 인해 밥조차 제대로 삼키지 못했다. 목구멍은 짓무르고 나는 매일 조금씩 말라 갔다. 마치 몸 안에서 시간이 바삭바삭 타들어 가는 것 같았다.

그럴 때마다 새엄마는 들기름에 볶은 하얀 무나물을 따뜻한 밥 위에 얹어 숟가락으로 떠먹여 주었다. 그녀의 손목은 유난히 가늘고 조심스러웠다. 약수건을 짜던 그 손. 그 손이 내 기억 속에서 지금도 유독 선명하다.

그리고 기적처럼 백일이 되던 아침, 기침은 멎어 있었다. 어떤 전조도 없이, 예고도 없이. 마치 약속된 시간이 끝나자 사라지는 안개처럼. 어쩌면 진짜 약은 정성이라는 이름의 마음이었는지도 모른다. 병을 이긴 것이 아니라 사랑을 통해 견뎌낸 것이었을까.

지금 나는 그 시절과는 전혀 다른 세계에 살고 있다. 전염병이 지구를 덮자마자 사람들은 스마트폰 하나로 지구 반대편의 확진자 수를 알아냈고, 마스크와 백신 그리고 거리두기로 대응했다. 과학은 발전했지만 마음은 오히려 후퇴한 것 같았다. 사람들은 서로를 두려워했고, 거리를 뒀으며 타인을 '위험 요소'로 인식했다.

하지만 백일이라는 시간을 몸으로 통과했던 나는 인간의 생명력이 얼마나 질기고 강한지를 이미 오래전에 배운 사람이다. 백일을 기침했지만 무엇보다 단 한 번도 그 병을 남에게 옮기지 않았다. 몸보다 더 강했던 것은 스스로를 둘러싼 사람들의 따뜻한 손길이었다.

요즘은 절에 가는 것도 조심스럽다. 오래전부터 법회와 봉사활동은 멈췄고, 스님들의 법문 소리는 법당 대신 온라인 속으로 사라졌다. 마스크 너머로 인사를 건네는 신도들과 눈이 마주칠 때마다 마음이 아릿해진다. 그럴 땐 그저 조용히 기도할 수밖에 없다.

'하루빨리 이 역병이 물러가길.
다시금 법당 안에 독경 소리가 울려 퍼지고,
서로의 얼굴을 마주 보며 웃을 수 있기를….'

이따금 나는 상상해본다. 만약 이 병도 백일 뒤에 거짓말처럼 사라진다면 얼마나 좋을까. 나의 유년처럼. 그 기적 같은 봄날처럼.

그날이 오면, 우리는 서로의 눈을 더 오래 마주 보게 될까. 따뜻한 손을 더 오래 맞잡고 기침 소리조차 사랑스러운 봄날을 다시 맞을 수 있을까.

그 모든 날을 기다리며 나는 여전히 기도한다. 그 백일의 끝, 누군가의 정성과 보이지 않는 사랑이 이 겨울을 지나 봄을 열어줄 것이라고.

그리고 그 봄이 오면, 나는 다시 한번 잊힌 기억의 문을 열어볼 것이다. 어쩌면 그 문 너머에는 지금껏 말하지 못했던 또 다른 이야기들이 아직도 조용히 숨을 쉬고 있을지 모른다. 그 계절의 끝자락에서 오래된 마음 하나를 꺼내 들었다.

산빛 물든 스님의 노래

손등을 내려다본다. 올록볼록 솟은 핏줄 사이로 점점이 박힌 잡티들이 마치 여름 들깨밭 같았다. 햇볕을 온몸으로 받아내며 생을 밀어 올리는 들깨처럼, 나의 이 작은 손도 무수한 세월을 견디며 여기까지 왔다. 한때는 이 손으로 미래를 움켜쥘 수 있을 것만 같았지만, 지금은 그저 세월의 자국들을 쓰다듬는 일밖에 할 수 없다. 잡티 하나에도 시간의 그림자가 깃들어 있다.

'세월 탓은 하지 말자.'

다짐하면서도 자외선 탓, 호르몬 탓을 늘어놓는 나를 보며 문득 생각했다.

'이제 나도 세월을 감추고 싶은 나이가 되었구나.'

삼십 대 초반의 나는 내 삶을 삶이라 부르지 못했다. 어떤 단어로도 설명되지 않는 무력감과 불안, 그늘진 심장이 우주의 진공처럼 내 속을 가득 채우고 있었다. 몸은 움직였으나 마음은 정지해 있었다. 그 무게는 눈에 보이지 않았지만, 모든 의지를 서서히 잠식시켰다. 밤이면 불 꺼진 방 안에서 한동안 창문을 바라보았다. 불빛이 켜진 도심은 낯설게 아름다웠고, 나는 점점 자신에게서 멀어져갔다.

어느 날 아침, 출근길이 낯설었다. 늘 타던 버스, 늘 걷던 거리였는데 그날따라 세상이 투명한 유리창 너머로 멀리 있는 것처럼 느껴졌다. 컴퓨터 전원을 켜지도 못한 채 자리에서 일어섰다. 아무 말도 남기지 않고 그대로 사라졌다.

서울역의 인파 속을 헤집고 기차에 몸을 실었다. 어디로 가는지도 모른 채, 마치 나를 벗어나기 위해 떠나는 여행 같았다. 무작정 내린 곳은 대전역이었다. 초여름이라기엔 바람이 매서웠다. 낯선 공기 속에 서 있으니 내가 내 몸에서 조금씩 이탈하는 기분이었다. 가슴속이 텅 비어 펄펄 끓는 쇳물이라도 마셔야 그 공허가 메워질 것 같았다. 역 광장을 멍하니 서성이며 저마다 가야 할 길이 있는 얼굴들을 바라보았다. 그 질서 정연한 목적의 행렬 속에서 나만이 제자리를 잃은 듯했다.

그때였다. 들리지도 않았을 종소리가 내 안에서 울렸다. 그리고 아주 오래된 그리움이 속삭였다.

'산사의 종소리를 듣고 싶다.'

무엇에 홀린 듯 택시에 올라탔다.

"가까운 절로 가주세요."

택시는 결연히 산으로 향했다. 창밖으로 도시가 서서히 멀어지고 숲의 그림자가 유리창 위를 덮었다. 그 초록빛 흔들림 속에서 나는 오래된 기억 하나를 떠올렸다. 어린 시절, 외할머니 집에서 새벽마다 듣던 절의 종소리. 어둠이 걷히기 전, 그 낮은 울림이 대나무 숲을 깨우던 순간의 냄새. 그 기억이 불현듯 가슴 깊은 곳에서 피어올랐다.

산을 몇 번이나 돌아서 도착한 곳은 동학사였다. 그러나 그곳 또한 저잣거리를 닮아 있었다. 절 아래에는 술집과 음식점이 즐비했고, 진열된 술병에서도 속세의 냄새가 흘러나왔다. 나는 다시 묻지 않을 수 없었다.

'나는 왜 여기에 왔는가… 나는 누구인가….'

걸음을 옮길수록 심장은 도망자의 리듬으로 뛰었다. 법당에는 들어가지 못했다. 그저 절 주위를 맴돌며 무언가를 잃어버린 사람처럼 두리번거렸다. 산새들이 내 머리 위를 스쳤다. 그들의 날갯짓은 가볍고 단단했다. 나는 그 가벼움을 바라보며 무거운 다리를 이끌고 산길을 내려왔다.

그때였다. 허공에서 노랫소리가 울려 퍼졌다. 멀리서 들려오는 듯하면서도 등 뒤에서 속삭이는 듯한 소리. 바람결에 섞인 듯, 어디서 시작되어 어디로 흩어지는지 알 수 없는 노래였다. 한참이나 두리번거렸지만 아무도 보이지 않았다. 다만 그 자리에 멈춰 귀를 기울였다. 노래는 맑고 애잔했다. 그런데 이상하게도 내겐 종소리처럼 들렸다. 가슴을 툭툭 건드리다 이내 뚫고 들어왔다. 가사 하나하나가 내 안의 말을 대신해주는 것만 같았다. 눈시울이 저절로 뜨거워졌다. 텅 비었던 가슴에 쇳물같은 뜨거움이 밀려들었다.

“아무것도 없는 종이 위에 산은 그려도
바람은, 바람은 그릴 수 없어…
벽을 향해 참선하는 님의 모습 그려도
마음은, 마음은 그릴 수 없네….”

정목 스님의 〈바람 부는 산사〉. 그 노래는 단지 노래가 아니었다. 스님의 목소리는 내 지친 영혼을 감싸는 위안의 숨결이자, 혼란과 고통의 시간을 건너게 하는 수행의 손길이었다. 나는 눈을 감고 그 자리에 오랫동안 서 있었다. 산그림자가 천천히 내 안으로 스며들었다. 어깨 위의 바람, 나뭇잎의 미세한 흔들림, 멀리서 들려오는 물소리까지 모든 것이 하나의 울림으로 이어지고 있었다.

그 순간, 나는 '그릴 수 없는 것들'의 존재를 알았다. 여전히 땅 위를 걷고 있었지만 마음은 허공을 떠돌았다. 바람으로 스치고 구름으로 흘렀다. 그토록 불안했던 이유는 아마도 '보이지 않는 마음'을 붙잡으려 했기 때문일 것이다. 존재하지만 형체가 없는 것들, 그것이야말로 삶의 실체였다.

'나도 없고, 남과 다른 나도 없고,
살아 있는 나도 없으며,
끊임없이 이어지는 나조차 없다.'

그 구절이 오래전 들었던 불경의 한 대목처럼 스쳐갔다. 만약 그때 일체법무아를 알았더라면, 그 무상무아의 가르침을 온몸으로 받아들였더라면 그토록 방황하지는 않았을 것이다.

시간이 흘러, 나는 약천사에서 봉사를 하게 되었다. 사시예불과 제사를 마치고 잠시 숨을 고를 때면, 동학사에서 들었던 그 노랫소리가 문득 되살아난다. 스님의 노래는 단순한 가락이 아니라 분명한 법문이었다. 가사는 수행이 되고 선율은 관세음보살의 묘음이 된다. 노래가 처마 밑에 그림처럼 머물 때면, 나는 들리는 모든 것을 관음이라 부르고 스치는 바람소리조차 묘음이라 여긴다. 그 순간, 세상의 소음마저도 경전의 한 구절처럼 들린다. 삶의 분주함이 다시 나를 삼켜도 그 노래 한 줄만 떠올리면 마음은 언제나 고요의 중심으로 돌아온다.

그때 나는 길 위에 있었으나 길을 보지 못했다. 깨달음은 늘 가까이에 있었지만, 나는 그 자리를 두고 오래 헤맸다. 이제야 알겠다. 그날의 노래는 바깥에서 들려온 소리가 아니라, 내 안 깊은 곳에서 이미 울리고 있던 나의 종소리였다. 지금, 나는 눈을 닦고 귀를 씻는다. 그리고 고요히 되뇐다.

백중 기도와 오이 한 개

지난여름, 뒷마당 시멘트 바닥 한가운데에서 이름 모를 싹 하나가 돋아났다. 잡초조차 숨을 틔우기 어려운 거친 틈새에서, 작고 가느다란 생명이 세상으로 손을 내미는 듯했다. 햇볕이 내리쬐는 좁은 틈 속에서 그 싹은 더디게 자라났다. 잎을 만지고 향을 맡아보며 사진으로 검색해도 정체를 알 수 없었다. 마치 일부러 자신을 숨기는 듯, 생명은 은밀하고 고요하게 시간을 견뎠다. 미지의 존재는 어느새 내 하루의 루틴이 되었고, 마음의 작은 질문이 되었다.

'저 식물은 무엇일까. 어디까지 살아남을까.'

어느 날, 나는 그 싹을 작은 토분에 옮겨 심었다. 뒷산에서 퍼온 부엽토를 깔고 부드러운 흙을 덮을 때, 손끝에 묘한 온기가 스며들었다. 생명을 다루는 일은 언제나 간절한 기도로 이어진다. 그날 이후, 나는 하루의 시작과 끝마다 그 앞에 서서 물을 주었다. 말없이 잎의 결을 바라보다 보면, 그 안에서 미세한 숨결이 들려오는 듯했다. 아무 말을 건네지 않아도, 서로의 존재가 조용히 이어지고 있었다.

그 무렵, 약천사에서는 백중 기도가 시작되었다. 부처님 전에 이름을 올리고, 지극한 마음으로 영가를 위로하는 시간. 나는 막 봄 학기 불교대학 과정을 마친 참이라, 마음이 한없이 열려 있었다.

입재식 날, 스님의 염불 소리가 공중을 가르자 가슴속 어딘가에서 무언가 터져 나오듯 쏟아졌다. 눈물이 줄줄 흘러내렸고, 기도문은 도무지 눈에 들어오지 않았다. 자식에게 제대로 된 효도 한 번 받지 못하고 떠나신 아버지와 어머니, 세상의 빛을 보지 못하고 떠난 태아령, 그리고 나도 모르게 스쳐 지나간 수많은 인연들이 기도 소리 사이로 하나둘 떠올랐다. 백중 내내 나는 참회의 마음을 바쳤다. 날마다 부처님 전에 올리는 향 속에 속절없는 마음을 얹었다. 기도는 가슴 안의 막힌 통로를 천천히 열어주었고, 슬픔이 빠져나간 자리마다 따뜻한 숨결이 고였다. 어쩌면 그 무명의 생명처럼, 나 또

한 다시 뿌리를 내리고 있었는지도 모른다.

회향을 하루 앞둔 저녁, 문득 식물의 존재가 떠올랐다. 한동안 기도에 몰두하느라 돌보지 못했던 화분을 들여다보았다. 그 사이 식물은 넝쿨을 길게 뻗어 노란 꽃을 피웠다. 잎 사이를 헤치자, 그 안에서 제법 굵은 오이 하나가 살짝 모습을 드러냈다.

'오이였구나!'

나는 한참을 그 자리에서 바라보았다. 작은 씨앗 하나가 척박한 시멘트 바닥에 떨어져 단단한 열매를 맺기까지, 얼마나 많은 시간과 빛과 의지가 있었을까. 그 순간, 나는 알았다. 기도도 이와 같다는 것을. 정성의 시간이 쌓이면, 결국 뜻밖의 자리에서 열매를 맺는다는 것을. 나는 그 오이를 조심스레 따서 흐르는 물에 씻고, 호일로 감싸 비닐에 넣어 냉장고에 두었다. 그리고 마음속으로 생각했다.

'이 귀한 인연을 회향 예불에 올리고, 염불로 목이 마르실 주지 스님께 드려야지.'

다음 날, 나는 봉향각 보살님에게 말했다.

"보살님, 오이를 백중 회향 예불에 올리고 싶어요."

보살님은 잠시 망설이더니 낮게 속삭였다.

"지장전 불단에는 안 되고, 정 올리고 싶으면 산신단에 올리세요."

그 말에 마음이 잠시 푹 꺾였지만, 곧 그녀는 나를 이끌어

지장전 불단의 토마토 뒤편, 보이지 않는 자리 한켠에 오이를 살짝 올려주었다. 나는 그 앞에 앉아 합장하고 다시 한 번 마음속으로 기도했다.

예불이 끝난 뒤, 오이를 다시 들고 마당으로 나왔다. 요사채에서 나오던 주지 스님께 조심스레 인사를 드렸다.

"스님, 이 오이 드세요. 제 집 베란다에서 딱 하나 열린 오이에요."

스님은 환하게 웃으며 한 입 베어 물었다. 그 모습은 마치 순수하고 천진한 소년처럼 맑았다. 그 한입의 미소가 인연의 시작이었다. 오이 하나가 길을 열고, 기도가 사람을 이어주었다.

"점심 공양하고 기획실장님 좀 보고 가세요."

그 말에 공양 후 봉향각 앞에서 실장님을 기다렸다. 잠시 후 나타난 그는 부드럽게 미소 지으며 말했다.

"제가 사보 편집장을 겸하고 있어요. 편집위원이 필요해서 스님이 그랬을 거예요."

나는 당황해 손사래를 쳤다.

"전 아무것도 할 줄 모르는데요?"

그는 웃으며 말했다.

"저도 잘 몰라요. 모르는 사람끼리 해보는 거죠."

그 말에 나는 마음을 내려놓았다. 그의 웃음에는 사람을 무장 해제시키는 힘이 있었고, 말보다 행동으로 이끄는 리듬이 있었다. 그 후로 매달 나는 사보에 짧은 산문을 썼다. 글이 잘 써지지 않는 날이면, 그는 조용히 말했다.

"잘 쓸 수 있어요. 나와 함께하는 한, 무조건 좋은 글을 쓰게 돼 있어요."

그리고 어느 날엔 이런 말을 남겼다.

"글을 잘 쓰고 싶으면 냇물 앞에 오래 앉아 있어 보세요. 글은 흐르는 물이에요. 바위를 만나면 뛰지 않고, 제 몸을 찢어 돌아가면서도 결국 바다로 가잖아요. 글도 그렇게 흘러가게 두는 거예요. 그러면 결국 도달해요."

그 말을 들으며 나는 문득 떠올렸다. 오이의 넝쿨이 돌 틈을 헤집으며 뻗어 나가던 모습을. 삶도, 기도도, 글도 결국 그렇게 흘러가는 것이 아닐까. 막히면 돌아가고, 돌아가면서도 멈추지 않는 길.

요즘 나는 대상을 있는 그대로 바라보는 법을 배우고 있다. 식물이든 사람이든, 상처를 입힌 존재일지라도 측은지심을 내고, 호의를 보이며 이해하려 애쓴다. 기도란 반드시 절 안에서만 이루어지는 게 아니다. 집이든 일터든, 하루의 작은 순간 속에서도 마음이 깊게 닿는 곳이라면 그곳이 곧 수행처이자 기도처이다. 그때의 오이 한 개와 기도 그리고 만남은 내 글의 첫 문장이 되었다.

삶의 어느 구석에서든 돋아나는 작은 생명 하나가 나를 일깨운다. 그 우연 같은 인연 안에서 나는 생명과 마음, 기도와 문장 그리고 사람 사이에 흐르는 소중한 진실 하나를 배웠다. 시간이 흐르면 물은 바다로 가고, 마음은 제 자리를 찾아간다. 흐르는 것들을 거스르지 않고 바라보는 일, 그것이 곧 나의 기도이자 글의 시작이었다.

천도재, 하얀 길을 넘다

바람에 하얀 꽃잎이 우수수 흩날리던 날, 약천사 지장전에서는 천도재가 봉행되었다. 영단 위엔 색색의 번幡이 걸리고, 망자가 건너갈 길을 상징하는 소창이 길게 펼쳐졌다. 병풍 뒤 해탈옷과 흰 신발이 고요히 놓여 있고, 먼저 남편을 보낸 미망인의 머리에는 세월이 하얗게 내려앉아 있었다. 아미타경과 다라니가 법당을 채우고, 둥둥 울리는 북소리에 스님의 가사장삼이 촛불처럼 너울거렸다.

그 순간, 내 마음도 소창의 길에 포개지듯 오래전 기억 속으로 미끄러져 내려갔다. 그 길 끝에는 여전히 한 사람의 이름이 남아 있었다. 어딘가에서 흔적 없이 사라진 나의 새엄마였다.

어느 해 여름, 나는 작정하고 길을 떠났다. 새엄마의 부재는 예상보다 훨씬 깊고 날 선 슬픔이었다.

서너 달 전, 아버지의 장례를 마치고 서울로 돌아오자, 새엄마는 홀로 남은 고향집이 무섭다며 밤마다 울곤 했다. 결국 서울로 모셨지만, 나는 일에 지쳐 새엄마를 돌볼 여유조차 없었다.

한 달이 지나기도 전에 새엄마는 말없이 다시 고향으로 내려갔다. 그리고 며칠 뒤, 이웃이 연락을 해왔다. 새엄마의 행방을 아무도 모른다는 소식이었다.

나는 곧장 고향으로 향했다. 탱자나무 울타리, 앞마당, 남새밭, 뒤꼍, 대숲 너머까지 어린 시절 나를 둘러싸던 모든 길을 찾아 헤맸지만 흔적은 없었다. 사람은 없고, 오래된 집만이 하얀 꽃을 피우듯 생명들로 가득했다. 토끼풀, 미나리, 치자, 하늘타리… 이름조차 다 알 수 없는 하얀 꽃들이 마치 누군가를 기다리듯 피어 있었다.

면사무소에서 확인해보니, 새엄마는 주소를 전혀 다른 지역으로 옮겨둔 상태였다. 듣도 보도 못한 동네. 내 머릿속엔 새엄마가 한숨 섞어 띄운 말만 남아 있었다.

"절로 가련다… 절로 가야지…."

그 말 하나를 단서 삼아 다시 길을 나섰다. 논산에서 익산행 버스를 갈아타고, 다시 택시로 이동해 기사님께 메모를 내밀었다. 그는 말했다.

"함라산 아래 숭림사라는 절이 있어요."

그 말 한마디가 묘하게 가슴을 울렸다. 도착한 절은 이미 한나절이 저문 고요 속에 잠겨 있었다.

숭림사, 숲과 선이 맞닿아 숨 쉬는 절. 공양간에서 등을 돌리고 있던 보살님께 조심스레 물었다.

"혹시 논산에서 오신 보살님 계세요?"

고개가 천천히 저어졌다. 요사채의 스님께도 여쭈었지만 절에는 그런 분이 없다고 했다. 나는 절 마당 한가운데 서서, 방향을 잃은 짐승처럼 멍해졌다.

산길을 내려오며 지친 발걸음으로 저수지 옆 식당에 들렀다. 소주 한 병과 안주를 시키자, 식당 아주머니가 조심스레 말을 걸었다. 나는 그동안의 사정을 전부 털어놓았다. 아주머니는 새엄마의 인상착의를 듣더니 말했다.

"저수지 너머 마을에 새로 개가해 온 여자랑 비슷한 것 같은데요."

"개가…요?"

귀를 의심했다. 하얀 개망초가 지천인 들길을 비틀거리며 걸었다. 꽃의 흰빛이 파도처럼 밀려왔다. 동네 어귀에 닿자 숨이 턱까지 차올랐고, 야산으로 올라 풀숲에 주저앉았다. 낯선 이방인을 경계한 동네 개들이 짖어댔다. 나는 쫓기듯 산에서 내려왔다.

그러다 마주쳤다. 한 집 마당. 고무대야를 든 여인이 문밖을 내다보고 있었다. 눈이 마주치는 순간, 우리는 동시에 주저앉았다. 대야 속 그릇들이 땅에 떨어져 울음을 터뜨렸다. 나는 떨리는 손으로 새엄마를 부축했다. 작은 새 한 마리가 손 안에서 떨고 있는 듯했다.

새엄마는 스님의 소개로 홀아비 농부와 재혼했다고 했다. 농사를 지으며 전생의 업을 씻고 공덕을 쌓아야 한다고 믿고 있었다.

그날 밤 함께 자고 가라 했지만 나는 돌아서고 말았다. 대문을 나서려는데 농부가 뒤따라와 내 손에 2만 원을 쥐어주었다. 내가 뿌리치자 새엄마는 꺼이꺼이 울며 말했다.

"지발 좀유…."

그 순간, 나는 몸이 허물어지는 듯했다.

막차에 올라보니 군산행이었다. 터미널엔 장대비가 쏟아지고 있었다. 칠흑 같은 밤, 마음은 더욱 깊은 곳으로 가라앉았다. 다시 버스를 갈아타고 대천 앞바다로 내려갔다.

얼마 뒤, 농부에게서 전화가 왔다. 새엄마가 다시는 돌아올 수 없는 곳으로 떠났다는 소식이었다.

지장전 천도재에서, 나는 새엄마를 떠올리며 하얀 소창 위에 발끝을 얹었다. 그 길은 더 이상 이승이 아닌, 하늘로 이어지는 길이었다.

그리고 그날, 누군가 속삭이듯 내 안에 닿아오는 소리가 있었다. 나는 그 소리를 글로 옮긴다. 새엄마의 영혼을 위한 마지막 노래처럼.

하얀 길을 넘는 이에게

하얀 꽃잎이 지던 저녁,
당신은 고요히 길을 떠났지요.

소창 위에 남은 발자국,
세상 끝으로 흐르던 작은 떨림들.
바람도 멈춘 삼세의 언덕에서
나는 당신의 이름을 부르지 못했습니다.

눈물이 아니라 꿈이었습니다.
당신을 감싸던 하얀 숨결과 옷자락은

모든 방황이 끝나는
첫 아침의 빛처럼 고요했고,

이제는 괜찮다고, 이제는 편히 가도 된다고
작은 새처럼 떨던 마음 부디 내려놓으시길.

길 끝에는 더 이상 어둠이 없고

당신을 부르는 스님의 노래만 흐르고 있으니

나는 그 노래를 기억하며
당신 발밑에 조심스레 꿈을 펼칩니다.
천천히, 아주 천천히 밟아가시라고….

제2부

길 위에서 깨어나는 오래된 파동

한 송이 연꽃의 형상

약천사 불교대학 수업이 있는 날이었다. 아침 일찍 산길에 들어서자, 봄빛은 이미 여러 계조로 번져들어 흙과 수목의 결을 은은하게 적셔놓고 있었다. 길은 차 두 대가 지날 만큼 넉넉했으나, 오고 가는 인적은 끝내 한 번도 스치지 않았다. 걸음을 옮길수록 풍경은 제 소리를 고요히 거두어들이며, 서서히 적막의 더 깊은 층위를 드러내기 시작했다.

나는 고개를 숙인 채 마음속으로 '관세음보살… 관세음보살…'을 반복했다. 한 음절씩 천천히 굴릴 때마다 그 소리는 바깥으로 흩어지지 않고, 오히려 내면 깊숙한 자리에서 아득한 반향으로 되돌아왔다. 그 반향의 미세한 물결을 따라, 나는 고요의 중심으로 천천히 스며들었다.

그때였다. 등 뒤에서 누군가 가볍게 시선을 얹은 듯한 느낌이 스쳤다. 파도가 일렁이며 남기는 하얀 포말처럼, 설명하기 어려운 기척이 살며시 어깨를 지나갔다. 고개를 들어 앞을 바라보자, 물빛이 번지는 코발트색 차 한 대가 산길 한가운데 홀로 놓여 있었다. 뒤편의 'POLO'라는 은빛 레터링이 햇빛을 받아 은린처럼 반짝였다. 언제부터 이 길 위에 있었던 걸까.

차에 다가서자 삼십 대 중반쯤 되어 보이는 여인이 운전석에 앉아 있었다. 그녀는 말없이 오른팔을 뻗어 조수석 문을 열어주었다. 그 조용한 초대는 설명할 수 없을 만큼 따뜻했고, 나는 망설임 없이 그 안에 몸을 실었다.

차 안에는 고요가 가득했다. 그녀는 묵묵히 운전대를 잡고 산길을 천천히 올랐다. 나는 조심스레 말을 건넸다.

"이 길은… 나의 수행길이에요."

그녀는 짧지만 부드럽게 말했다.

"아, 네에."

그 말은 공기 속으로 스며들고 이내 흔적 없이 흩어졌다. 나는 그녀의 옆모습을 바라보았다. 긴 생머리, 갸름한 얼굴선, 그늘 없이 맑은 눈매. 그 눈동자에는 욕망의 흔적조차 없었다. 이토록 완전한 고요를 나는 이전에 경험한 적이 없었다. 그녀는 사람이라기보다 잠시 사람의 모습을 빌린 어떤 존재 같았다.

잠시 후, 차는 불교대학 강의실 앞에 도착했다. 나는 차에서 내리자마자 감사 인사를 하려고 뒤를 돌았다. 그러나 그녀도, 차도 온데간데없이 사라져 있었다. 마치 처음부터 존재하지 않았던 것처럼. 나는 그 자리에서 굳어선 채 한동안 현실과 비현실의 경계를 헤맸다. 자리는 말끔히 비어 있었고, 산바람은 아무 일도 없었다는 듯 조용히 길을 감싸고 있었다.

하지만 그것이 상상만은 아니었다. 차체와 그녀의 모습, 빛의 결, 눈동자 속 깊은 어둠까지도 여전히 생생했다. 그러다 문득 이런 생각이 떠올랐다. 혹시 그 만남은 이 세계의 표면이 아니라, 더 깊은 차원에서 벌어진 일이 아니었을까.

우리가 보는 이 세상은 고정된 실체가 아니라, 어떤 순간에는 '형태'로 떠올랐다가 이내 흩어지는 의식의 그림자일 수 있다는 말을 읽은 적이 있다. 눈앞의 물질도 대부분 '없음'으로 이루어져 있다는 말처럼, 어쩌면 그녀는 그 없음의 틈 사이로 스며든 하나의 파동, 혹은 메아리였을지도 모른다.

빛은 입자이면서도 파동이고, 관측될 때 비로소 형태를 갖춘다 하지 않았던가. 파동이 어느 순간 입자로 응결해 모습을 얻듯, 그 만남 역시 잠시 형체를 띤 순간이었는지도 모른다.

만약 이 세계가 거대한 홀로그램이라면, 그녀는 내 안의 정보 조각, 혹은 무의식의 한 파편이 3차원 공간 위로 투영된 '연결의 현상'이었을지도 모른다. 의식이 어떤 진동수에 닿는 순간, 현실의 얇은 막이 아주 미세하게 들리며 그 너머의 존재가 스쳐 지나간다는 오래된 이야기처럼.

그녀가 말없이 조수석 문을 열어주던 순간, 나는 아주 미세한 현실의 균열을 느꼈다. 누군가가 내 안의 주파수에 접속해 들어오는 듯한 감각, 숨결과 감정과 의식의 미세한 떨림이 그녀의 파동과 한순간 겹쳐진 듯한 느낌이었다.

그날 이후로 나는 스스로에게 묻곤 한다. 그녀는 누구였을까. 어디서 와서, 왜 나에게 그 침묵의 길을 허락했을까. 단순한 사람이었을까. 아니면 이 세계의 경계를 오가며 인연 따라 모습을 드러내는 하나의 의식처럼 마음의 외투를 잠시 걸친 연기緣起의 형상이었을까.

때로는 이런 생각이 들기도 한다. 그녀는 내 무의식이 스스로 빚어낸 형상이었을까. 모든 존재가 서로 연결되어 있듯, 그녀는 내 안의 어떤 층위가 밖으로 흘러나온 또 다른 나, 잠들어 있던 얼굴이 깨어난 모습이었는지도 모른다.

그리고 나는 지금도 그 조수석에 앉아 그녀와 함께 어딘가를 향해 조용히 달리고 있는 것만 같다. 이 세계가 꿈인지, 그 순간이 진실인지 이제는 분간하기 어렵다. 다만 단 하나는 분명하다. 그녀가 떠난 이후, 내 마음 가장 깊은 곳에 한 송이 연꽃이 피었다는 것.

그 연꽃은 바람에 흔들리지 않고, 욕망에 젖지도 않으며, 세상의 소란에 흔들리지 않는다. 그저 내 안의 고요로 남아 나를 어루만지듯 속삭인다. 그녀는 사라진 것이 아니라, 네 의식의 가장 깊은 자리로 스며들어 지금도 거기에 머물고 있다고.

마음의 외투를 입은 연기

나는 분명 길 위에 있었다.
돌아보면 아무도 없었지만,
그날, 누군가 나를 데리러 왔다.

입을 열지 않았고,
이름을 묻지도 않았으며,
그저 조용히 조수석 문을 열어주던 손.

빛도, 무게도, 향기도 없었지만
나는 단번에 알 수 있었다.
그녀는 사람이 아니라
어떤 마음이 입고 나온 형상이었음을.

그 마음은 고요했고,
그 형상은 연기였으며,
나는 그 연기 앞에서
눈을 감고 조용히 고개를 숙였다.

바람도 머물지 않는 그 순간,
그녀는 아무 말 없이
한 송이 연꽃을 남기고 떠났다.

그 연꽃은 내 마음 깊은 자리에서
지금도 천천히 피어오르고 있다.

이제 나는 안다.
세상은 때때로
눈에 보이는 것보다 더 선명하게,
보이지 않는 연기로 나에게 말을 건넨다는 것을.

그 연기 속에는 언제나
누군가의 마음이 입고 있던 외투가 있다.
그리고 나는 그 외투를 따라
조용히 나 자신을 향해 걸어간다.

마지 그릇 속에 핀 불두화

기억은 언제나 거창한 얼굴로 찾아오지 않는다. 그것은 종종 사소한 물건의 형태를 빌려, 일상의 틈 사이로 조용히 스며든다. 너무 작고 평범해서 그것이 삶의 방향을 바꾸는 씨앗이 될 줄은 미처 알지 못한다. 그러나 어떤 기억은 단 한 번의 접촉으로 인생의 궤도를 틀어버린다. 그날, 내게는 마지 그릇 하나가 그랬다.

약천사에서 일요봉사를 하던 날이었다. 이른 아침 절에 도착하니, 몇몇 보살님들이 이미 대웅전과 지장전을 쓸고 닦고 있었다. 걸레가 지나간 자리마다 공기가 얇아졌고, 오래 묵은 먼지 대신 고요가 남았다. 청소를 마친 뒤 공양실로 내려가 문을 여는 순간, 은은한 밥향이 먼저 몸을 감쌌다. 연습실 쪽에서는 합창 소리가 물결처럼 흘러나왔다. 그제야 오늘이 음력 오월 보름 법회라는 사실이 떠올랐다.

그런데 마지를 준비하는 사람이 보이지 않았다. 마지는 늘 봉사조 조장이나 수행이 깊은 보살님들의 몫이었다. 갓 봉사에 들어온 내게는 선뜻 손이 가지 않는 자리였다. 그때 합창 연습실에서 나온 조장님이 잠시 숨을 고르듯 말했다.

“보살님, 오늘 마지 좀 담아 주세요.”

나는 잠시 망설이다 고개를 끄덕였다. 밥솥 앞에 섰을 때, 솥 안에 수북이 담긴 하얀 밥을 보는 순간 숨이 턱 막혔다. 몸이 그 자리에 붙들린 듯 움직이지 않았다. 왜 하필 지금이었을까, 그런 생각이 스쳤다. 깊은 곳에 가라앉혀 두었던 기억 하나가 돌처럼 떠올라, 이내 파도가 되어 나를 덮쳤다. 밥은 눈이 되었고, 눈은 다시 밥이 되었다. 나는 잠시 사라지고 싶었지만, 몸은 그 자리에 남아 있었고 기억만이 과거로 질주했다.

그해 겨울은 유난히 길었다. 사춘기 초입의 나는 세상의 어두운 결을 너무 일찍 배워버린 아이처럼, 마음이 무겁고 텅 비어 있었다. 벽에 걸린 모딜리아니의 그림을 보며, 고개 숙인 양치식물처럼 움츠러든 삶을 떠올리고 있었다. 해는 짧았고 어둠은 빠르게 내려앉았다. 마을 고샅길 너머에서 누군가 긴 지팡이로 땅을 두드리며 다가왔다. 흰 옷자락과 어둠 속 실루

옛은 이유 없이 불길했다.

아버지는 그를 먼 친척이라 소개하며 맞이했고, 집 안에는 낯선 공기가 스며들었다. 나는 인사를 하고 윗방으로 올라가 책을 펼쳤지만, 몇 장 넘기지 못한 채 잠에 빠져들었다. 그날 밤, 꿈과 현실의 경계가 무너지는 지점에서 설명할 수 없는 감각이 나를 덮쳤다. 숨이 막히고 몸이 굳었다. 악몽이라고 부르기에는 지나치게 생생한 감각이었다. 나는 미친 듯이 몸을 비틀어 벗어났고, 그 순간 알았다. 그것이 누구의 그림자였는지를.

그날 이후, '불행 중 다행'이라는 말은 내게서 힘을 잃었다. 더 나쁜 일이 일어나지 않았다는 이유로 다행이라 부를 수는 없었다. 욕망의 그림자가 스쳐간 밤, 내 영혼에는 이미 금이 가 있었다. 발밑에서는 고양이가 가르릉거리며 몸을 말고 있었다. 나는 돌이킬 수 없는 선택을 했다. 말로는 끝내 옮길 수 없는 방식으로. 다음 날 아침, 눈밭 한가운데에는 한 줌의 작은 봉분 하나가 솟아 있었다. 그날 이후, 나는 세상 어디에도 속하지 않은 아이가 되었다.

사람들을 피해 산으로, 무덤가로, 아무도 없는 곳으로 다녔다. 책가방을 멘 채 하루 종일 산에 있다가 해가 지면 돌아오는 날들이 이어졌다. 시선은 늘 땅으로 향했고, 마음은 늘 어딘가에 묻혀 있었다. 내 나이 열다섯이었다. 이 이야기는 지금에서야 비로소 꺼내 놓는 고백이다.

그날, 마지 앞에 선 나는 주걱을 손에 쥔 채 관세음보살의 이름을 가슴속에서 조용히 되뇌었다. 마지 그릇은 오래된 악몽처럼 나를 바라보고 있었다. 그때 문득 누군가의 말이 떠올랐다.

"마지는 봉분처럼 소담스럽게 담는 거야."

그 말은 화두처럼 가슴에 내려앉았다. 눈밭에 소담히 솟아 있던 그 봉분처럼. 정성과 참회의 마음으로 마지를 담는 동안, 내 안에 화석처럼 굳어 있던 회한들이 조금씩 풀어져 내렸다. 삶과 죽음은 둘이 아니라는 말씀처럼, 그날의 봉분과 오늘의 마지 그릇은 어쩌면 같은 자리에 놓여 있었다.

그렇게 조심스럽게 마지를 채워가는 순간, 마지 그릇 안에 한 송이 불두화가 피어났다. 부처님의 머리 위에 핀 자비의 꽃이자, 오래 아물지 않던 내 상처 위에 피어난 회복의 꽃. 잊히지 않는 기억이 아니라, 끝내 사라지지 않고 남아 나를 다시 숨 쉬게 한 하나의 고백이었다.

봉분 위에
눈이 쌓이고

그 위에
밥을 담는다

사라진 것은
꽃으로 돌아와

오늘
내 안에서
조용히
피어난다

아리와 함께, 츰부다라니를

새벽 어스름, 영축산 전경을 담은 한 장의 사진 앞에서 한동안 움직이지 못했다. 부처님께서 《법화경》을 설하셨다는 그 자리에, 한때 얼마나 많은 사람들의 숨결과 기도가 쌓였을까를 생각하던 순간이었다. 청법을 청하던 수많은 귀와 마음들, 그 위로 내려앉았을 향과 침묵의 결을 상상하다 보니 방안의 공기마저 잠시 멈춘 듯 느껴졌다.

그때 멀리서 종소리가 울려왔다. 크지는 않았지만 맑고 깊었다. 땡… 땡… 땡… 여운이 긴 울림은 새벽의 얇은 공기를 흔들며 번져나갔다. 소리는 벽에 닿았다가 되돌아오고 다시 내 가슴속으로 스며들었다.

컴퓨터 화면 한구석에는 오전 5시를 알리는 숫자와 함께

‘08-28’이라는 날짜가 또렷이 떠 있었다. 유년 시절부터 괜히 길하다고 믿어온 숫자, 이유 없이 마음에 붙들고 살아온 ‘28’이 새벽의 침묵을 깨우며 말을 걸어오는 듯했다. 그렇게 하루가 시작되었다.

창밖은 아직 잠들어 있었고, 방 안에서는 여린 짐승의 코 고는 소리가 규칙적으로 울렸다. 숨결은 작았지만 그 리듬만으로도 방 안은 충분히 따뜻해졌다. 그 짐승은 나에게 새벽의 법문을 함께 여는 존재, 차우차우 강아지 ‘아리’다.

아리는 원래부터 이 집의 식구가 아니었다. 내게 오기 전, 아리는 약천사 절마당에서 살았다. 스님과 보살님들이 돌아가며 밥을 챙기고, 추운 날에는 법당 처마 밑에 담요를 깔아주던 그런 삶이었다. 새벽예불 종소리를 가장 먼저 듣고 깨어나 경내를 한 바퀴 도는 것이 아리의 하루였고, 공양 시간이 되면 자연스레 공양실 문 앞에 앉아 사람들의 움직임을 지켜보았다.

누가 가르쳐주지 않아도 아리는 법당 안으로 함부로 들어오지 않았다. 문지방 앞에서 멈춰 앉아 고개를 숙인 채, 염불 소리가 끝날 때까지 기다렸다. 스님들은 그런 아리를 두고 “전생에 절과 인연이 깊었을 것”이라며 웃곤 했다. 보살님들은 아리의 등을 쓰다듬으며 한 사람 몫의 마음을 얹어주듯, 이름 대신 ‘털복숭이’라고 다정한 호칭을 불러주었다.

그러나 절은 머무는 곳이지 붙잡는 곳은 아니었다. 계절이 몇 번 바뀌는 사이, 아리는 조금씩 사람들의 품을 건너다니는 삶을 배웠고, 마침내 인연의 물길을 따라 내게로 왔다. 떠나는 날, 스님은 아리의 머리를 가만히 쓰다듬으며 말했다.

"여기서 쌓은 복, 사람 곁에서 더 크게 써야지."

이 집에 온 지 하루 만에 아리는 서열 1위를 차지했다. 어린 보더콜리의 저항에도 아랑곳하지 않고 자기 자리를 확보했고, 어느새 가족 모두의 눈빛을 부드럽게 무장 해제시켰다. "개는 밖에서 자야 한다"고 말하던 이 집의 가장조차, 아리를 볼 때면 말끝을 흐리며 미소부터 짓는다. 아리는 그렇게 절마당에서 익힌 온기를 그대로 가져와 이 집의 공기를 바꾸어 놓았다.

새벽이 밝아오면 우리는 함께 들판으로 나간다. 아직 사람의 발길이 닿지 않은 시간, 풀잎마다 이슬이 맺혀 있고 연꽃은 꽃잎을 열 준비를 하고 있다. 하룻밤 들판에 몸을 맡겼던 흰두루미와 오리들은 낮은 소리로 서로의 안부를 확인하고, 전봇대 위 까치는 검은 몸을 흔들며 하루를 예열한다. 풀숲에서는 청개구리가 짧은 도약으로 자신의 세계를 가로지른다.

그 모든 풍경 속에서 아리는 망설임이 없다. 절마당을 쓸던 발걸음과 들판을 가르는 발걸음이 다르지 않다는 듯, 짧은 다리로 세상을 건너간다. 나는 그 곁을 천천히 걷는다. 아리의 뒤를 따르며 삶의 시원始原을 다시 더듬는 마음으로.

아리의 발걸음에는 익숙한 장단이 있다. 일정하지 않으면서도 흐트러지지 않는 리듬. 그 장단에 귀를 기울이다 보면, 문득 입속에서 주문 하나가 흘러나온다.

'츰부 츰부 츰츰부 아가셔츰부 바결랍츰부 암발랍츰부….'

지장전 법당에서 보살님들과 함께 외우던 《츰부다라니》였다. 의미를 모두 헤아리지 못해도, 소리만으로 마음을 가지런히 하던 주문. 그 신묘한 음률이 아리의 걸음에 실려 들판으로 흩어진다. 주문을 따라 걷다 보면, 오래 묵은 업장의 무게도 조금은 가벼워지고, 마음에 내려앉은 탁함도 서서히 가라앉는 듯하다.

'모든 소리와 진동과 파장을 여는 비밀한 열쇠.'

정제된 마음으로 염송하면, 그 미묘한 진동이 삶을 정화시킨다고 했다. 어쩌면 내가 이 새벽마다 느끼는 평온은 절에서 이어져 온 아리의 시간과 다라니의 파장이 겹쳐 만들어진 것인지도 모른다. 말 없는 생명과 오래된 주문이 서로를 방해하지 않고 하나의 호흡으로 포개지는 순간, 그 고요 속에서 나는 안다. 아리는 절을 떠난 것이 아니라, 수행의 자리를 옮겼을 뿐이다.

그녀는 지금도 새벽 종소리에 가장 먼저 반응한다. 귀를 세우고 숨을 고르며, 보이지 않는 법당을 향해 잠시 몸을 멈춘다. 그 모습 앞에서 나는 오늘도 작은 숨결에 귀를 기울인다. 삶이 곧 수행임을, 말 없는 생명이 먼저 가르쳐주고 있기 때문이다.

옴 남, 옴 남, 옴 남.

잉어의 꿈, 빛의 강에서

물은 기억한다. 흘러간 모든 생의 이름과, 그들이 건너온 시간의 결까지도. 나는 그 물 위에 한 마리 잉어의 꿈을 띄웠다.

밤은 오래도록 젖어 있었다. 비의 숨결이 창문을 두드리며 세상의 경계를 희미하게 만들었다. 어둠 속에 잠긴 강은 숨을 고르듯 무겁게 출렁였고, 나는 그 물결을 따라 한참을 깨어 있었다. 세상의 모든 생이 물에서 태어나 물로 돌아간다고 했던가. 그 말이 그토록 실감난 적이 없었다.

며칠째 거센 비가 쏟아지던 어느 여름밤이었다. 나는 좀처럼 잠들 수 없었다. 강이 범람하고 집을 잃거나 힘들게 일군 농작물을 떠내려 보낸 이들의 소식이 연달아 들려왔다. 생명의 근원이던 비가, 때로는 모든 것을 휩쓸고 가는 재앙이 되기도 한다는 사실이 마음을 무겁게 짓눌렀다.

그날 저녁, 늘 비를 따라다니는 Y가 찾아왔다. 여느 때처럼 손에는 술병이 담긴 가방을 들고 있었다. K와 함께 시작된 통음은 새벽녘까지 이어졌고, 나는 피곤에 지쳐 잠이 들었다.

다음 날 아침, 밤새 퍼붓던 비가 어느새 그쳐 있었다. 햇살이 들판을 환히 비추고 있었고, 우리는 그 빛을 따라 밖으로 나섰다. 들판은 비바람에 쓰러진 풀과 초목으로 초토화되어 있었지만 이상하게도 발걸음은 가벼웠다.

보리수나무 앞을 지날 때였다. 몇 걸음 앞서가던 K가 농로에서 무언가를 들어 올렸다. 길고 가지런한 비늘과 멋진 수염의 잉어였다. 길 위로 떠밀려 온 걸 보니 아마도 밤새 불어난 물살에 휩쓸려 이곳까지 온 듯했다. 움직이지 않는 잉어를 보며 나는 외쳤다.

"살았든 죽었든, 태어난 강으로 돌려보내 줘요."

K가 조심스럽게 잉어를 수로에 던져주었다. 나는 황톳빛 물살을 바라보며 두 손을 모아 간절히 염송했다.

"지장보살, 지장보살, 지장보살…"

그 순간, 죽은 듯 미동조차 없던 잉어가 물살을 가르며 힘차게 앞으로 헤엄쳤다. 모두가 동시에 외쳤다.

"와, 살았네! 살아났어!"

그러나 더 놀라운 일이 일어났다. 잉어가 다시 물 위로 솟구쳐 오르더니 갑자기 방향을 바꿔 돌아오는 게 아닌가. 꽉 다문 입과 치켜세운 지느러미, 긴장된 눈동자. 꼭 뭔가 전하려는 듯했다. Y가 감격에 겨운 듯 눈물을 글썽이며 외쳤다.

"인사하는 거야! 우리가 살려줘서!"

나는 그 광경을 바라보며 숨을 죽였다.

"이건… 하늘의 뜻이에요. 관세음보살!"

핸드폰을 꺼내 동영상을 찍으려는 순간, 잉어는 홀연히 사라졌다. 모두가 넋을 잃은 채 그 자리에 서 있었다. 살아났다는 것만도 기적이었는데 돌아와 고개를 숙이는 모습이라니. 전설 속 한 장면 같았다.

며칠 뒤, 나는 기이한 꿈을 꾸었다. 큰 나무 아래 떨어진 새둥지 하나, 그 안에는 커다란 알이 들어 있었다. 껍질이 깨지며 그 속에서 무언가 꿈틀거렸고, 곧 오색빛 날개를 가진 새가 일어섰다. 머리는 물고기 같고, 몸통은 새였다. 자세히 들여다보니 며칠 전, 강으로 돌려보냈던 그 잉어였다. 기이한 새는 내 어깨에 얼굴을 묻고, 한참 동안 먼 곳을 바라보았다. 나는 곱게 장식한 비단함에 그 새를 담아 고향집 뒤뜰 장독대 선반 위에 조심스레 올려놓았다. 새는 자연스럽게 잠이 들었다. 나는 떨어진 댓잎들을 주워 모아 마당을 정리하고, 나무 식탁을 차려 친구들을 초대했다. 문득, 꿈에서 깨어났다. 머리는 물고기고 몸은 새인 동물을 꿈꾸면 길하다는 말을 들은 적이 있었다. 그 말을 떠올리자 마음이 한결 맑아졌다.

며칠 후, 오랫동안 나를 짓눌러왔던 근심 하나가 믿을 수 없을 만큼 자연스럽게 풀렸다. 얽히고설켜 답이 보이지 않던 실타래가 뜻밖의 방향에서 풀린 것이다. 처음엔 우연이라 여겼지만, 곱씹을수록 그것은 마치 꿈 속 잉어가 물살을 가르며 길을 찾듯 자연스러운 순서처럼 느껴졌다. 오랫동안 붙잡고 있던 문제도, 흐름에 맡기자 스르르 풀렸다. 마치 잉어가 내 마음 속을 헤엄치며 깊이 얽힌 미완결을 풀어주는 듯했다. 그때 나는 깨달았다. 세상의 흐름은 보이지 않는 곳에서 조금씩 자연스레 흘러가고 있으며, 우리가 불안 속에 머물러 있는 동안에도 실타래는 스스로 풀리고 있다는 것을.

그날 이후, 나는 흐름을 믿고 마음을 맡기기로 했다. 꿈 속 잉어는 내 안의 물결이 되어, 빛을 머금은 채 조용히 숨 쉬고 있었다. 잉어를 살리고자 했던 마음이 결국 나 자신을 살리고, 또 다른 길을 열어주었다는 것을 알았다. 그날 잉어를 함께 보았던 Y가 말했다.

"그 잉어, 혹시 나의 조상이 아니었을까?"

조상들이 잉어를 좋아했다는 그의 말에 나도 고개를 끄덕였다. 측은지심과 자비의 마음이 삶의 흐름을 바꾸는 기적이 되었음을 믿고 싶어졌다. 그날의 잉어는 어쩌면 물의 기억이었을 것이다. 잠시 인간의 눈앞에 모습을 드러낸, 생과 사의 경계를 건너던 영혼 하나. 그를 강으로 돌려보내던 순간, 내 안의 오래된 고통도 함께 흘러갔다. 이따금 꿈결에서 잉어가 다시 나타난다. 빛으로 번지는 지느러미를 흔들며 속삭이는 듯하다.

'모든 생은 잠시의 물살일 뿐, 흘러가도 사라지지 않는다.'

나는 그 말을 믿는다. 비가 내리면 여전히 창가에 서서 두 손을 모아 고요히 염송한다.

'지장보살… 지장보살… 지장보살….'

이제 그 기도는 죽은 이를 위한 것이 아니라, 다시 태어나려는 모든 존재들을 위한 염원이 되었다. 잉어의 꿈은 내 안에서 여전히 헤엄치며 빛의 강 위로 길을 이어간다.

우리는 모두 언젠가 물의 품으로 돌아간다. 그러나 그 흐름 속에서도 누군가는 다시 빛이 되어 나아간다. 나는 그날의 잉어를 기억한다. 생의 방향을 바꾸어준 한 생의 눈빛을.

되돌아오는 날개

기억은 언제나 설명보다 먼저 도착한다. 계절이 바뀌는 경계에서, 삶이 방향을 바꾸려 할 때 기억은 이유 없이 되살아난다. 떠났던 기러기들이 돌아오던 그 아침도 그랬다. 나는 오래전의 나와, 예고 없이 다시 마주하고 말았다.

안개가 아직 걷히지 않은 들판 위로 검은 무리가 내려앉아 있었다. 지난해 봄, 하늘을 비워 두고 떠났던 기러기들이 다시 돌아와 있었다. 이번에는 더 많은 무리를 이끌고 와 논을 가득 메우고 있었다. 땅은 잠시 숨을 멈춘 듯 고요했고, 공기 속에는 알 수 없는 긴장이 얇게 깔려 있었다. 나는 두 마리 개와 함께 천천히 들판으로 걸어 들어갔다. 발걸음을 낮추고, 숨을 고르며, 마치 이 장면에 허락을 구하듯 조심스럽게.

그때, 한 마리의 울음이 신호처럼 번졌다. 빈 논에 앉아 있던 새들이 동시에 날아올랐다. 그 순간 하늘은 글자가 흩어지는 페이지처럼 갈라졌고, 빛과 어둠이 뒤섞여 한 번 크게 출렁였다. 새들은 멀리 떠나지 않고, 머뭇거리듯 하늘을 맴돌았다. 불안을 머금은 갈색 눈동자들이 아래를 내려다보고 있었다.

나는 그 시선을 피하지 못했다. 그 눈빛은 오래전, 잊었다고 믿었던 어떤 얼굴의 잔영과 닮아 있었다. 나를 밀어내고, 무너뜨리고, 끝내 설명되지 않은 채 남아 있던 한 시절의 시선. 그것이 새의 눈을 빌려 다시 돌아온 것처럼 느껴졌다. 가슴이 갑자기 막혀 왔고, 숨을 깊이 들이쉴 수 없었다.

눈물은 예고 없이 흘러내렸다. 나는 이유를 붙잡을 틈도 없이 울면서 논둑길을 걸었다. 스스로의 눈물에 당황했지만, 그 감정을 설명하려는 시도는 오래가지 못했다. 계절 탓일지도, 생명들 앞에서의 미안함 때문일지도 모른다는 생각은 이내 힘을 잃고 사라졌다. 다만 알 수 있었던 것은, 그 눈물이 슬픔의 한가운데가 아니라, 오래 눌러 두었던 감정이 스스로 풀려나오는 자리에서 흘러나왔다는 사실이었다.

삶은 언제나 직선으로만 움직이지 않았다. 나는 한때 이야기를 만드는 세계에 머물렀고, 또 다른 시기에는 이야기보다 빠른 세계 속으로 밀려 들어가야 했다. 확장과 실패, 다시 시작과 포기의 반복 속에서 많은 이름과 얼굴들이 스쳐 지나갔다. 무엇을 잃었는지 정확히 셀 수는 없었지만, 어떤 방향에서는 분명 멀어지고 있었다. 그 시절의 나는 늘 무언가를 붙잡고 있었고, 동시에 많은 것을 놓치고 있었다.

시간이 흘러, 모든 것이 정리된 뒤에야 비로소 알게 되었다. 방황의 중심에는 언제나 조용한 중심 하나가 있었다는 것을. 다만 그것은 성취의 언어로는 불릴 수 없었고, 욕망의 지도 위에서는 보이지 않았다. 마음이 가장 어두워졌을 때조차, 그 자리는 사라지지 않고 남아 있었다. 나는 그것을 뒤늦게, 아주 천천히 알아보았다.

기러기들은 머무를 때와 떠날 때를 정확히 안다. 이른 봄, 추위가 완전히 물러나기 전 북쪽으로 향하고, 가을 서리가 내리기 전에 다시 돌아온다. 오래 머물지 않으며, 무리를 잃지 않는다. 그들의 하늘 아래에는 여전히 수많은 사연과 불안한 시선들이 겹쳐 있지만, 기러기들은 그것에 붙잡히지 않는다. 그저 날고, 머물고, 다시 떠날 뿐이다.

들판에서 마주친 그 갈색 눈빛처럼, 사람의 마음속에도 날개 대신 무거운 기억이 흔들린다. 나는 그 아침, 눈물을 흘리며 알게 되었다. 떠남과 머묾은 서로 다른 선택이 아니라, 같은 흐름의 다른 이름이라는 것을. 살아 있다는 것은, 그 리듬을 거스르지 않고 받아들이는 일이라는 것을.

기러기들은 다시 하늘을 정리하며 날아갔고, 들판은 아무 일도 없었다는 듯 고요를 되찾았다. 그러나 나는 알고 있었다. 그날의 눈물이 한 시절을 떠나보내는 의식이었음을. 설명되지 않은 채 남아 있던 감정들이, 비로소 제 자리를 찾고 있었다는 것을.

떠난 줄 알았던 것은
사라진 것이 아니라

돌아오기 위해
하늘을 비워 두었을 뿐

눈물은
그 길을
잠시 적신다

기억은 바퀴를 타고 온다

기억은 한 번도 완전히 떠난 적이 없다. 그것은 먼 길을 돌아와 어느 날, 낡은 바퀴 자국처럼 내 앞에 멈춘다. 바람이 먼지를 스치듯 세월은 마음의 저편을 지나며 잊힌 얼굴과 손끝의 온기를 다시 불러낸다.

지장전 마당에 새겨진 바퀴의 그림이 그랬다. 흙바닥 위에 수레바퀴 하나가 또렷하게 새겨져 있었다. 대웅전 법당에 마지를 올리러 가던 길, 희미한 햇살이 구름 사이로 스며들고 산허리에는 젖은 풀잎 냄새와 엷은 안개가 퍼져 있었다. 누군가 잠시 세워두었다 떠난 수레의 자국이었을까. 둥글게 남은 궤적은 마치 법륜처럼 보였고, 그 안으로 오래전 내 마음에 남은 한 장면이 조용히 겹쳐 들어왔다. 그 순간, 내 안에 잠들어 있던 여름의 빛이 천천히 깨어났다.

그해 여름, 대학로의 작은 콘서트홀에서 이적의 솔로 콘서트가 열렸다. '다행이다'의 첫 음이 무대 위에 퍼지자 이유 없이 가슴이 울컥했다. 누군가를 품에 안은 채 눈물을 흘릴 수 있는 삶, 그 단순하고도 어려운 문장이 오래도록 마음에 남았다. 공연이 끝난 뒤, 노을이 젖어드는 거리로 걸어 나왔을 때 기억 속의 여름 하늘은 유난히 느리게 저물고 있었다.

오피스텔 근처 길모퉁이에 손수레 하나가 서 있었다. 노모와 아들이 채소를 팔고 있었고, 뜨거운 오후의 열기 속에서 상추 잎은 축 늘어지고 토마토 껍질은 터져 있었다. 수레 밑 그늘에는 작고 허약한 강아지 한 마리가 헐떡이며 누워 있었다. 흙먼지와 배설물이 엉겨 붙은 몸, 제대로 눈도 뜨지 못한 채 이어지는 가느다란 호흡. 나는 조심스레 손을 뻗어 그 머리를 쓸었다. 손끝이 닿자 강아지는 미약하게 몸을 떨었다. 그 떨림이 내 심장 깊은 곳에 박혔다.

노모가 피곤한 얼굴로 말했다.

"제발 그 강아지 좀 데려가슈."

그 말은 부탁이라기보다 생명의 운명을 건네는 문장이었다. 하지만 그때 나는 이미 길에서 만난 강아지 한 마리와 함께 살고 있었다. 또 다른 생명을 감당할 용기가 없었다. 노모의 아들은 아무 말 없이 고개를 숙였다. 나는 괜히 더 미안해져 서둘러 그 자리를 떠났다. 발걸음이 멀어질수록 마음은 점점 무거워졌다.

밤 열 시가 지나서야 나는 다시 길을 나섰다. 도시의 불빛은 하나둘 꺼져가고 골목에는 낮의 열기가 아직 남아 있었다. 노모와 아들은 노점을 정리하고 있었다.

나는 다가가서 말했다.

"강아지 데리러 왔어요."

아들은 놀란 눈빛으로 나를 바라보다가 조심스레 강아지를 내 품에 안겨주었다. 그 몸은 이미 차가웠다. 나는 강아지를 안고 달렸다. 심장은 거칠게 뛰었고 마음속에서는 한 문장만이 되풀이되었다.

'조금만 더 참아. 제발 견뎌줘.'

오피스텔에 도착했을 때 강아지는 거의 숨이 끊어질 듯했다. 나는 찬물을 조금 먹이고 따뜻한 수건으로 그 몸을 감쌌다. 그리고 기도처럼 속삭였다.

'이 생명을 살릴 수만 있다면 무엇이든 하겠습니다.'

그때 강아지의 미약한 눈빛이 잠시 깜박였다. 나는 그것을 기적이라 믿고 싶었다. 그 순간, 콘서트장에서 들었던 노래가 다시 떠올랐다.

'그대를 안고서 힘이 들면
눈물 흘릴 수가 있어서 다행이다.'

나는 중얼거렸다.

"그래, 네 이름은 '다행'이야."

그 말을 알아들은 듯, 강아지는 힘겹게 귀를 세우더니 이내 고요히 잠들었다. 그날 이후 그는 내 삶의 가장 따뜻한 그림자가 되었다. 아침이면 내 무릎 위에서 하품을 했고, 밤이면 창가에 머리를 얹고 달빛을 바라보았다. 살아 있는 동안, 그는 늘 나를 살게 했다. 세월이 흘러 그는 어느 봄날 조용히 숨을 놓았다.

나는 작은 천에 그 몸을 감싸며 말했다.

"다행아, 이제 편히 가. 네가 있어서 참 다행이었어."

그 뒤로 오랫동안 나는 바람의 냄새 속에서 그의 숨결을 느꼈다. 비가 내릴 때면 비가 되어 내 곁을 스치는 듯했고, 새벽의 미세한 빛 속에서는 그 눈동자가 아련히 떠올랐다.

그가 세상을 떠난 지 몇 해가 흐른 어느 날, 지장전 마당에서 나는 다시 그 바퀴의 자국을 보았다. 묘하게 익숙했다. 그 자국이 나를 오래 바라보다가 이내 사라지는 것만 같았다. 그제야 알 것 같았다. 그 바퀴의 그림이 내게 다시 다가온 그의 모습이라는 것을.

그날의 손수레와 바퀴 그리고 그의 숨결이 이어져 지금의 내가 되었다. 어쩌면 그 모든 것은 부처님의 자비가 나를 다시 일으켜 세운 한 장면이었을지도 모른다.

나는 문득 생각한다. '이 생명을 살릴 수 있다면 무엇이든 하겠다'던 그 낮은 기도가 지금의 나에게는 얼마나 남아 있을까. 그 다짐이 희미해질 때마다 부처님은 다시 그 바퀴의 자국을 보여주시는 게 아닐까.

지장전 마당에 새겨진 바퀴 하나의 그림이 나의 과거를 데려왔다. 그것은 사라진 그의 숨결이자 여전히 내 안을 도는 자비의 흔적이었다. 언젠가 또 다른 누군가가 그 자국 앞에서 멈춰 설 것이다.

'이건 누구의 발자국일까?'

그때, 바람이 대답할 것이다. 기억은 바퀴를 타고 돌아온다고.

낯선 자비의 노선

여름의 끝자락이었다. 맑던 하늘은 아무런 예고도 없이 빛을 거두었고, 천둥과 번개를 앞세운 폭우가 절 마당을 단숨에 삼켜버렸다. 사시예불을 마치고 지장전 앞에 서서 쏟아지는 비를 바라보고 있는데, 《약천》 편집장님에게서 편집실로 잠시 들러 달라는 연락이 왔다.

편집실 문을 여니 회의 탁자 위에 회주 스님의 '이달의 휘호'가 펼쳐져 있었다. 아직 마르지 않은 먹빛이 숨을 쉬듯 종이 위에 남아 있었다. 편집장님은 걱정스러운 얼굴로 휘호를 천천히 접어 종이에 싸고, 다시 비닐로 한 겹 더 감싼 뒤 내게 건넸다.

"집까지 모셔다드릴게요."

내가 웃으며 고개를 저었다.

"괜찮아요. 이런 비 오는 날 산길을 내려가는 것도 흔치 않은 경험이잖아요."

그는 잠시 말이 없더니 낮은 목소리로 덧붙였다.

"이건… 한 번 젖으면 다시는 구할 수 없는 글씨예요."

결국 나는 우산과 함께 봉투를 받아 들고 산길을 내려왔다. 비는 점점 굵어졌고, 바람은 우산을 몇 번이나 뒤집어 놓았다. 머리끝에서 발끝까지 흠뻑 젖은 채 걷다 보니, 뒤늦게 후회가 밀려왔다. 괜히 고집을 부렸다는 생각이 들었다. 나는 휘호가 든 배낭을 품에 꼭 끌어안았다. 마치 나 자신보다 더 소중한 무언가를 지키고 있다는 듯이.

버스정류장에 도착했을 때, 기다리던 노선은 끝내 모습을 드러내지 않았다. 대신 처음 보는 번호의 버스 한 대가 내 앞에 멈춰 섰다. 방향이 다르다는 걸 알면서도, 더는 빗속에 서 있을 수 없어 나는 그 차에 몸을 실었다.

"은석교로 가려면 어디서 갈아타야 할까요?"

기사님은 잠시 나를 바라보다가 되물었다.

"그 동네만 가시면 되는 거죠?"

"네."

그는 고개를 끄덕이더니 누군가에게 전화를 걸었다. 이내 버스는 정해진 노선을 벗어나 빗물을 가르며 달리기 시작했다. 뜻밖의 일이었지만 기사님의 온화한 얼굴이 이상하게도 마음을 놓이게 했다.

잠시 후 버스는 아무 말 없이 낯선 언덕 아래에서 나를 내려주고 떠났다. 폭우 속에 홀로 서서 나는 오직 배낭 속 휘호만을 의식하고 있었다. 그때, 또 다른 버스 한 대가 어둠을 밀치듯 다가와 내 앞에 멈췄다.

"은석교 가시죠? 어서 타세요."

문을 열며 기사님이 말했다. 얼떨결에 올라타자 그는 웃으며 덧붙였다.

"방금 제 친구한테 연락을 받았어요. 손님이 언덕 어딘가에 있다고요."

잠시 뒤 그의 전화가 다시 울렸다.

"걱정하지 마. 바로 만났어."

그제야 나는 이 상황의 연결고리를 알아차렸다. 서로를 알지 못하는 사람들이, 단지 한 사람을 목적지에 데려다주기 위해 잠시 같은 노선 위에 올라 있었던 것이다. 집에 도착해 배낭을 열어보니 비닐 안쪽에 약간의 습기만 맺혀 있을 뿐 휘호는 온전했다. 이름도 모르는 몇 사람의 마음이 폭우 속에서 그 글씨를 지켜낸 셈이었다. 나는 마치 비밀문서를 무사히 전달한 사람처럼 괜히 가슴이 벅차올랐다.

그해 겨울, 또 한 번 버스가 나를 찾아왔다. 한파가 절정이던 날이었다. 일이 늦게 끝나 어둠 속을 걷는데, 모자를 눌러

쓴 건장한 남자가 계속 시선을 보내고 있었다. 처음엔 아는 사람인가 싶었지만, 이내 그 시선의 정체를 알아차렸다. 노출증 환자였다.

몸이 얼어붙었다. 나는 반사적으로 달려 가까운 편의점으로 피신했다. 사정을 들은 편의점 사장님은 말이 끝나기도 전에 밖으로 나가 주변을 살피고 돌아왔다.

"이제 없는 것 같아요."

그때 한 남자가 편의점 안으로 들어오며 말했다.

"자, 가시죠."

사장님은 미소를 지으며 내게 설명했다.

"너무 놀라신 것 같아서요. 이분께 집까지 모셔다드리라고 부탁했어요. 제가 보증합니다."

편의점 뒤편에는 대형 관광버스 한 대가 서 있었다. 통근버스였다. 나 혼자 그 커다란 차에 오르는 일이 어색했지만, 기사님의 손짓에 조용히 올라탔다. 가는 내내 그는 몇 번이나 괜찮으냐고 물었다. 짧은 말이었지만 그 말은 추위보다 더 깊은 곳까지 스며들었다. 집 근처에 도착해 택시비 정도의 돈을 내밀자 그는 고개를 저었다.

"다음에 편의점에서 음료수 한 잔 사주세요. 그걸로 충분합니다."

붉은 미등이 언덕 아래로 사라질 때까지 나는 한참을 그 자리에 서 있었다.

산그림자를 머리에 이고 집으로 돌아오는 길, 문득 그 버스들이 떠올랐다. 폭우 속에서 휘호를 지켜주던 버스, 한파 속에서 나를 집까지 태워주던 또 다른 버스. 서로의 이름도, 얼굴도 남아 있지 않았지만, 그들은 잠시 같은 노선 위에서 나를 목적지까지 데려다주었다.

세상이 혼탁하다고 말할수록 나는 이런 순간들을 떠올린다. 설명할 수 없는 친절, 계산 없는 선의. 그것은 때로 버스의 불빛으로, 때로는 짧은 말 한마디로 우리 곁에 멈춰 선다.

봄이 다시 오고 사람의 온기가 피었다가 지는 사이에도, 나는 그때의 버스들을 기억하며 살아간다. 그것들은 내 것이 아니었지만, 그날만큼은 분명 나를 태운 나만의 자가용이었다. 목적지는 집이었고, 나는 잠시 낯선 자비의 노선에 올라 있었을 뿐이다.

어디서 왔는지

기도는 어쩌면 잊고 지내던 존재의 기억을 불러오는 일인지도 모른다. 빛이 스스로를 비추듯, 마음의 등불 앞에 앉으면 나는 가끔 내 안의 시간을 되돌아보게 된다. 이유 없이 떠오르는 장면들, 설명보다 먼저 도착하는 감각들. 기도는 그런 것들을 조용히 불러낸다.

정초기도가 시작되던 새벽, 나는 법당에 앉아 향을 피웠다. 무량한 시간을 건너 이 자리에 이른 나를 떠올리며, 부처님 앞에 참회의 마음과 작은 발원을 올렸다. 창문 너머로 새벽빛이 엷게 스며들고, 공기는 향내와 물안개 사이에서 천천히 가라앉고 있었다.

그 순간, 마음속에 한 장의 잎이 떠올랐다. 바람에 실려 어디선가 흘러온 연초록의 잎. 허공에서 잠시 맴돌다, 이내 조용히 내 안으로 스며드는 잎이었다. 나는 그 잎을 따라 오래된 기억의 깊은 곳으로 걸어 들어갔다.

나는 어디서 왔을까. 어떤 인연의 길목을 지나 지금 여기에 이르렀을까. 그 물음은 기도처럼 마음속에서 반복되었고, 세상은 그 질문에 답하듯 한 장면을 내 앞에 내놓았다.

기도를 마치고 산문을 내려오던 길이었다. 바람결에 깃털 하나가 어깨에 내려앉았다. 고개를 들어 보니 길 위에 커다란 새 한 마리가 서 있었다. 낯선 곳에 떨어진 듯, 방향을 잃은 채 주위를 서성이고 있었다. 나는 무의식처럼 도로로 걸어 들어가 손짓으로 차를 멈추고, 천천히 그 새에게 다가갔다.

"어디서 왔어."

그 말은 새에게 건넨 것이었지만, 동시에 나 자신에게 던진 질문이기도 했다.

새는 내 시선을 피해 허공으로 날아올랐다. 그리고 얼마 지나지 않아, 길가 나무 아래에서 또 다른 새의 시신을 발견했다. 피로 얼룩진 깃털, 옆구리에 남은 깊은 상처. 조금 전의 새는 이 죽은 새를 찾아 헤매고 있었던 것이다. 짝을 잃은 새의 눈빛에는, 설명되지 않는 질문들이 고요히 고여 있었다. 그것은 비극이라기보다, 삶이 스스로를 건너가는 한 장면처럼 보였다.

며칠 뒤, 약사전에 들러 삼배를 올리던 중이었다. 부처님 무릎 위로 하얀 빛이 스쳤다. 자세히 보니, 흰 구렁이 한 마리가 조용히 똬리를 틀고 있었고, 그 곁에 알 두 개가 놓여 있었다. 그 모습을 보는 순간, 유년의 기억이 문득 되살아났다. 무너진 흙담 속에서 잿빛 구렁이를 마주했을 때, 아버지가 내 어깨에 손을 얹으며 했던 말.

"무서워 마라. 집 지키는 뱀이란다."

그 말은 세월을 건너 다시 내 귀에 도착했다. 부처님 무릎 위의 흰 구렁이는, 그때의 구렁이가 업의 강을 건너 나를 찾아온 것처럼 느껴졌다. 그 순간, 시간의 경계가 희미해졌다. 과거와 현재, 나와 타자, 이승과 저승의 구분이 잠시 풀어졌다. 나는 아무 말 없이 머리를 숙였다. 나를 지켜보던 어떤 존재가, 여전히 나를 바라보고 있다는 감각 속에서.

기도의 마지막 날, 달집에는 수많은 소원지가 매달려 있었다. 바람이 스칠 때마다 기도의 숨결이 허공을 오갔다. 무엇을 써야 할지 잠시 망설이고 있을 때, 회주 스님이 다가와 물으셨다.

"보살님, 덕담 하나 써드릴까요?"

나는 말없이 소원지를 내밀었다. 스님은 붓을 들어 단숨에 써 내려갔다.

萬事亨通 四大康建

'만사형통 사대강건'이란 글자가 종이 위에 번지며, 내 안에서도 무언가 조용히 풀어지는 느낌이 들었다. 끝과 시작이 동시에 놓이는 자리, 오래 이어지던 비가 멎고 빛이 스며드는 순간 같았다.

그날 밤, 이상한 일이 있었다. 식탁 위에 소원지를 펼쳐 두고 바라보던 중, 미닫이문이 조용히 열렸다. 발밑에 있던 보더콜리 가미가 벌떡 일어나 현관 쪽으로 달려갔다. 잠시 뒤, 자동문이 닫히는 소리가 또렷이 들렸다. 집에는 나와 가미뿐이었다. 누군가 다녀간 듯, 공기에는 설명할 수 없는 향과 온기가 남아 있었다. 그것이 기도의 응답이었는지, 아니면 오래 따라오던 업의 그림자가 조용히 회향하고 떠난 것이었는지는 알 수 없었다.

정초기도의 일곱 날 동안, 나는 세 존재를 만났다. 짝을 잃은 철새, 부처님 무릎의 구렁이, 그리고 현관을 스쳐 간 보이지 않는 기척. 그것들은 모두 외부의 사건이기보다는, 내 안에 머물러 있던 기억과 업식이 잠시 형상을 빌려 드러난 것이었다.

그제야 알게 되었다. '나는 어디서 왔는가'라는 물음은, 결국 '나는 무엇으로 지금을 살아가고 있는가'라는 질문으로 이어진다는 것을. 태어남도, 사라짐도, 시작과 끝도 분명하지 않은 하나의 숨. 모든 존재는 그렇게 서로의 공기를 나누며 이어지고 있었다. 새벽 공기가 다시 맑아졌다. 산등성이 위로 햇살이 번지며 안개가 걷혔다. 나는 합장한 채, 마음속으로 조용히 되뇌었다.

'가자, 가자, 피안으로 가자.'

그 말끝에서 문득 스쳐 간 바람의 숨결. 어디서 왔을지. 모든 길은 결국, 나 자신으로 돌아오고 있었다.

어디서 왔는지는
끝내 묻지 않았다

숨이 닿는 자리마다
이미 길은
와 있었다

철학자의 오후

사유란, 질문이 멈춘 자리에서 다시 시작된다. 잃은 것들을 애도하는 대신, 나는 그 의미를 헤아리기로 했다. 철학은 멀리 있는 사유가 아니라, 생의 매 순간마다 마주치는 고요한 깨달음이었다.

새해가 밝고 한 달쯤 지난 무렵, 고종사촌 언니에게서 사진 한 장이 도착했다. 언니는 몇 해 전부터 강화도 산중에 집을 짓고 살고 있다. 세속의 소음을 멀리한 채 자연의 숨결 속에 머무는 삶. 그녀의 말은 언제나 짧지만 묘한 여운을 남긴다.

"이 부처님은 어떤 부처님인지? 우연히 인연이 되어 뵈었는데 통성명도 못 하고 있네."

사진 속 부처님은 하얀 석고빛 얼굴로 미묘한 미소를 머금고 있었다. 머리를 길게 늘어뜨린 채, 옷자락과 장신구는 섬세하면서도 단정한 선으로 빛났다. 낯선 형상인데도 이상하리만치 익숙했다. 마치 오래전부터 기다려온 누군가를 다시 만난 듯한 느낌이었다. 부처님은 정면이 아니라 약간 고개를 아래로 숙이고 있었다. 그 각도와 미소는 오랜 침묵 끝에 부드러운 위로를 건네는 듯했다.

그로부터 일주일쯤 뒤, 뜻밖의 소식이 전해졌다. 언니의 동생이자 나의 고종사촌 오빠가 심장마비로 세상을 떠났다는 것이었다. 병세도 없던 아직 젊은 나이에 찾아온 갑작스러운 이별이었다.

"어떡해… 아이고, 어떡해…"

나는 주저앉은 채 그 말만 되뇌었다. 무엇보다 마음이 쓰였던 건 하나뿐인 동생을 유난히 아끼던 언니였다. 그 애틋한 정을 느껴왔기에 언니의 슬픔이 어떤지 조금은 짐작할 수 있었다.

내게도 그는 친척 이상의 존재였다. 고등학생 시절, 나는 자주 그의 책방으로 숨어들곤 했다. 꽃피는 봄날에는 세상의 화사함이 버거워 숨었고, 비 내리는 날엔 우울을 안고 그의 서가 앞에 앉아 니체의 책을 펼쳤다. 그의 서가엔 언제나 먼지 대신 사유가 내려앉아 있었고, 말 한마디에도 깊은 물소리가 배어 있었다. 그는 철학을 전공하고 유학을 다녀와 대학에서 사회철학을 가르치고 있었다.

오랜만에 친척들이 모인 자리에서 나는 그에게 물었다.

"비결이 뭐예요?"

그는 잠시 눈을 감았다가 장난스럽게 웃으며 말했다.

"늘 머리통을 전봇대에 들이받으며 살았지. 그래야 세상이 조금 보이더라."

그 웃음은 오래도록 내 마음에 남았다.

"저는 영혼의 숙제와 정신의 비밀을 푸는 데 생애를 바치고 싶어요."

"여전히 4차원이구나."

"시를 사랑하고 철학을 존중해요."

"네가 더 철학자 같다."

그날, 그가 떠난 뒤 나는 텅 빈 의자를 오래 바라보았다. 잔은 식어가고 빛은 서서히 기울었다. 그의 말들이 머릿속을 떠돌았다.

"삶은 결국 자신에게 되돌아오는 여정이야. 다른 사람을 이해하려면, 먼저 자기 안의 어둠을 마주해야 해."

그 말이 처음엔 막연했지만 시간이 흐르자 몸속 깊이 스며들었다. 그의 웃음과 침묵 그리고 사유의 잔향이 내 안에서 한 문장으로 살아났다. 끝까지 남겨두는 한마디, 닿지 않은 여운. 그의 말은 오래 마음속에 머물렀다.

삶의 막막함 앞에서 나는 종종 그를 떠올렸고, 그럴 때마다 마음이 조금 단단해졌다. 하지만 이제 살아서는 더는 만날 수 없다는 사실이 믿기지 않았다. 전화 한 통, 인사 한마디조차 전하지 못했다는 미안함이 오래도록 가슴을 짓눌렀다. 무기력한 나날 속에서 문득 법화경이 떠올랐다. 위안을 얻고자 경전을 펼쳤다.

'한 생각이 바르면 삼천 세계가 바르고,
한 마음이 고요하면 일체의 업장이 녹는다.'

그 구절이 이상하게 위로가 되었다. 그는 사라진 것이 아니라, 우주의 빈틈을 따라 내 곁을 걷고 있을지도 모른다. 경전을 읽는 동안 마음의 안개가 서서히 걷혀갔다.

며칠 뒤, 언니에게서 다시 메시지가 왔다.

"사보 잘 받았어. 반가움에 얼른 펼쳐 읽었지. 지난달엔 너희 절에도 다녀왔어. 네가 다니는 곳이 궁금하기도 하고… 동생을 떠나보내고 마음 둘 곳이 없어서…."

그 문장을 읽는 순간, 언니의 마음이 손끝으로 전해졌다. 그녀는 아픔을 감추기보다 그와 함께 머무는 법을 배우고 있었다.

얼마 뒤, 서울의 한 큰 절에서 고인을 위한 49재가 열렸다.

법당에는 염불 소리와 목탁 소리가 어우러져 마치 다른 세계로 이어지는 길을 여는 듯했다. 스님들의 발걸음은 조심스럽고 경건했다. 한 영혼이 사바의 끝에서 극락으로 옮겨지는 길을 온전히 안내하고 있었다.

그때였다. 대웅전의 기둥 위에 흰 비둘기 한 마리가 내려앉았다. 그 새는 법당의 모든 소리에 귀 기울이듯 고개를 갸웃했다. 나는 그 모습을 바라보다 눈시울이 뜨거워졌다. 아마 고인은 새의 몸을 빌어 마지막으로 우리를 배웅하러 온 것이리라.

재가 끝난 뒤, 언니가 나를 불렀다.

"같이 좀 가자."

언니의 차 뒷좌석에는 황금빛 보자기로 곱게 감싼 불상이 놓여 있었다. 처음 사진으로 보았던 바로 그 부처님이었다.

"난 아직 불심보다 절 안의 풍경을 좋아하는 정도라서… 이 부처님은 네게 가는 게 더 맞을 것 같아. 이제야 제자리를 찾은 것 같아 기뻐."

나는 미소를 띤 부처님의 얼굴을 한참 동안 바라보았다. 눈앞에서 숨결이 느껴지는 듯했고, 마음속 깊은 곳에서 울림이 퍼졌다. 왜 그 부처님이 내게 왔는지, 왜 그렇게 낯익고 그리웠는지. 그 미소는 오빠가 늘 말하던 "삶은 결국 자신에게 되돌아오는 여정"이라는 문장을 떠올리게 했다.

문득 오래전 흑백사진 속의 엄마가 떠올랐다. 내가 네 살 무렵 세상을 떠난 엄마였다. 살아서의 기억은 없지만 아버지가 여러 번 보여주던 바랜 사진 속 얼굴이 선명했다. 긴 머리, 부드럽게 드러난 이마, 가늘게 뜬 눈매, 곱게 다문 입가의 미소가 마음속 깊이 파고들었다. 그 기억은 오빠와 나누었던 철학적 사유와 겹쳐 부처님의 얼굴 위에서 은은하게 하나로 스며들었다.

그가 세상을 떠난 후, 나는 한동안 말의 무게를 잊고 살았다. 모든 사유가 허공으로 흩어지는 듯했지만, 어느 날 문득 법화경의 구절이 마음속에서 피어올랐다.

'모든 중생에게 부처의 성품이 있다.'

그의 생은 어쩌면 경전의 한 구절처럼 조용히 진실을 드러내고 있었는지도 모른다. 배움의 열정과 사유의 불꽃으로 그는 스스로의 어둠을 태우며 세상을 조금 더 밝히려 했던 사람이었다. 그가 남긴 웃음, 끝내 하지 못한 질문, 그 모든 것이 지금의 나를 움직이고 있었다.

사람은 가고 이름은 잊히고 기억은 흐려지지만, 사랑은 형태를 바꾸어 다시 우리 곁으로 돌아온다. 어쩌면 부처님의 미소는 그 모든 사랑과 사유의 귀환일지도 모른다.

나는 두 손을 모았다.

'나무 관세음보살.'

그 순간, 불상의 미소가 아주 희미하게 흔들렸다. 살아 있는 숨결처럼. 그것은 슬픔과 회한을 지나 사유의 끝에서 피어오르는 자비의 미소였다. 내 가슴속 깊은 곳, 오래도록 잠들어 있던 눈물이 조용히 흐르기 시작했다. 그 안에는 오빠의 웃음, 엄마의 기억, 언니의 아픔, 그리고 내 안의 무수한 질문들이 함께 녹아 있었다. 모든 부재와 모든 기억이 지금 이 순간 눈앞의 미소와 하나로 겹쳐져 마음 깊은 곳에서 잔잔히 울리고 있었다.

나는 숨을 고르고 두 손을 더 깊이 모았다. 세상을 떠난 이들의 흔적이 그리고 살아 있는 내 마음이 이 순간 서로를 비추고 있었다. 부처님의 눈빛 속에서 나는 비로소 알았다. 사랑과 사유는 결코 사라지지 않고 형태를 바꾸어 우리 곁에 머문다는 것을.

사유의 끝에서

한 줄의 경전이
물처럼 내 안을 흘러간다.

잃은 이들의 이름은 사라지지 않고
새의 날개 끝에 맺혀

저무는 하늘을 스친다.

부재는 공기가 되고
공기는 숨이 되어
내 안에서 다시 그들의 목소리로 깨어난다.

사랑은 흙의 냄새로
사유는 빛의 잔향으로 남아
오늘의 나를 통과한다.

모든 질문이 멈춘 자리
고요히 미소 짓는 부처의 얼굴 아래서
나는 안다.

그들은 떠난 것이 아니라
형태를 바꾸어
여기, 내 마음에 머문다는 것을.

약천사로 가는 길

산길에 꽃비가 내렸다. 아침 햇살을 머금은 꽃잎들이 가지 위에서 하나둘 흩날리며 하늘 가득 퍼졌다. 바람이 만든 풍경인지, 보이지 않는 손길이 스쳐간 것인지 알 수 없었다. 꽃은 꽃대로 나무는 나무대로 바위는 바위대로 제 몫의 꽃비를 말없이 받아들였다. 나는 그 아래를 천천히 걸었다. 바람에 실린 듯 걸음을 옮기다 문득, 내가 길을 걷는 것이 아니라 길이 나를 이끌고 있다는 생각이 들었다.

그 길을 따라 약천사에 둥지를 틀고 마음을 쉬게 된 지도 어느덧 삼 년이 흘렀다. 복을 빌고 소원을 성취하기 위함이 아니라, 나의 어리석음을 깨우치고 올바른 견해를 얻기 위한 기도였다.

절을 하는 내내, 무진장의 바다처럼 끝없이 밀려오는 삶의 파도 속에서 나는 휘청였다. 어떤 날은 무릎이 닿기도 전에 눈물이 먼저 흘렀고, 또 어떤 날은 하염없이 절만 하다 밤을 맞았다.

그 깊은 소용돌이 속에서 오래도록 머물던 염세의 그림자가 서서히 걷히고, 처음으로 희열이라는 이름의 새싹이 마음에 피어났다.

눈을 뜨고 있다는 것만으로도 감사한 순간이 찾아왔고, 나뭇잎의 떨림 속에서도 연꽃의 미소 속에서도 삶의 답을 조금씩 찾아가기 시작했다.

삶이란 괴로움 자체가 아니라 괴로움을 껴안고 나아가는 여정이다. 처음 속삭이듯 내게 다가와 마지막 숨을 거두는 날까지, 이미 정해진 화엄의 길임을 알게 되었다. 나의 길이 고통스럽다고 해서 그것이 잘못된 길은 아니었음을. 그 모든 길이 결국 나를 여기로 이끌었다는 것을.

그날은 처음으로 약천사 지장보전의 문을 열고 들어간 날이었다. 늘 법당 주변을 맴돌며 기웃거리기만 했을 뿐, 그 문턱 하나를 넘지 못한 채 나는 삼십 년 넘게 방황했다. 세속에서의 불안과 절망을 달래기 위해 처처의 절을 찾아다녔지만, 어디에서도 안착하지 못했다. 지옥문을 지키며 본래의 감각을 일깨워주는 지장보살님의 자비 덕분이었을까. 마침내 끝나지 않을 것 같던 방황의 서사는 여기서 조용히 종지부를 찍었다.

그 방황은 언제부터 시작되었을까. 기억의 저편, 어렴풋이 여중생이었던 사춘기 시절이 떠오른다. 무용 선생님이 부임한 날, 칠판 앞에 나를 세워 놓고 느닷없이 말했다.

"머리를 삭발하면 참 잘 어울리겠구나."

그 말의 뜻을 알 길 없었던 나는, 마치 꿔다 논 보릿자루처럼 그 자리에 서 있었다. 선생님은 다시 혼잣말처럼 중얼거렸다.

"눈 속에 병이 들어 있구나."

"네? 병이요?"

"그래, 우수라는 병 말이야."

그때는 단지 얼굴형이나 인상을 말하는 줄로만 알았다. 그러나 훗날 깨달았다. 그것은 '절로 가라'는 예언이었다는 것을. 머리에서 가슴까지, 고작 30센티미터 남짓한 거리지만, 그 짧은 길을 찾는 데 30년이라는 긴 시간이 걸렸다. 내 마음이 나 자신을 받아들이기까지, 그토록 오랜 시간이 필요했던 것이다.

내 삶은 늘 물음표로 가득했다. '나는 왜 태어났는가.' '무엇을 위해 살아야 하는가.' '죽음 이후에도 나라는 존재는 남는가'….

나는 책 속에서 사람 속에서 신앙 속에서 답을 찾으려 했지만 늘 허기졌다. 세속에서의 성취도 관계도 그 어떤 말도 나를 온전히 채워주지 못했다. 그저 조금의 온기만 남긴 채 사라지고 다시 공허만이 찾아왔다.

심학산 자락에 있는 작은 동네로 이사온 뒤에도 일부러 절을 외면했다. 마음속 깊은 두려움과 거리감 때문이었다. 절은 나를 거부하지 않았지만, 내가 스스로를 절에서 밀어내고 있었다. 그런데 그날은 이상할 만큼 몸이 가벼웠다. 알 수 없는 이끌림에 따라 발걸음은 자연스레 산으로 향했고, 한적한 반대편 둘레길을 택해 산에 올랐다.

적막한 산길에는 야생화들이 발길을 따라 어지럽게 피어 있었다. 나는 자연의 숨결에 온몸을 맡기며 걷고 있었다. 눈에 들어오는 모든 것, 나무와 풀, 바람과 햇살, 스치는 새소리까지도 내 마음의 상태에 따라 조금씩 다르게 느껴졌다.

걷다 보니 문득, 모든 사물은 나의 마음이 만들어낸 그림자 같다는 생각이 들었다. '여래, 보살, 부처, 중생…' 그 익숙한 이름들을 아스라이 떠올리며 발걸음을 옮기던 중이었다.

그때, 산 중턱에서 누군가 다급히 외쳤다.

"저기요! 잠깐만요!"

돌아보니 한 여인이 손에 핸드폰을 흔들며 서 있었다. 그

옆에는 열댓 명쯤 되는 남녀들이 커다란 바위 앞에 음식을 차려두고 고사를 지내고 있었다. 나는 여인이 건넨 핸드폰을 받아들고 몇 장의 사진을 찍어주었다.

바위는 고목들 사이에 솟아 있었지만 그 기운은 예사롭지 않았다. 현실과 비현실의 경계를 허물 듯, 묵직하고도 어딘가 익숙한 에너지가 퍼져 나왔다. 사진을 다 찍고 돌아서려는 나를 향해 사람들은 손짓하며 외쳤다.

"음식 좀 같이 드시고 가세요!"

나는 그 소란을 뒤로한 채 산등성이를 내려갔다. 그때 아까 그 여인이 빠른 걸음으로 어느새 내 곁으로 다가왔다. 아무 말도 없이 그녀는 살포시 무언가를 내 손에 쥐어주었다. 탐스럽고 빛깔 고운 사과 한 알이었다.

나는 놀라 고개를 들었다. 여인은 빛이 비치는 쪽을 등지고 서 있었기에 얼굴이 반쯤 가려져 있었다. 하지만 그 실루엣 너머로 입꼬리가 아주 미세하게 올라간 짧은 미소가 어렴풋이 느껴졌다. 말 한 마디 없는 낯선 이의 조용한 손길. 마치 오래전부터 나를 알고 있었던 사람처럼 어색하지도 낯설지도 않았다. 인사할 틈도 없이 여인은 산길 저편으로 걸어갔다. 그 뒷모습은 야생화 사이로 스르르 스며들듯 사라졌다. 나는 마치 꿈에서 깨어난 듯 그 자리에 멈춰 서 있었다.

사실 며칠 전부터 괜스레 사과가 자꾸 생각났었다. 평소엔 그다지 즐겨 먹지 않던 과일인데, 그 새콤달콤한 맛이 머릿속을 맴돌았다. 하지만 내가 사는 마을은 심학산 자락의 외진 곳이라, 마트나 시장에 가려면 시간을 따로 내야 했다. 그저 타이밍이 맞지 않아 사지 못한 과일이었지만, 마음 어딘가에는 그 작고 둥근 사과를 향한 간절한 갈망이 남아 있었다. 아무 말도 없이 손에 쥐어준 사과 한 알은 단순한 과일이 아니었다. 나는 그 사과를 한참이나 바라보다가 마음속으로 중얼거렸다.

'이건… 그냥 우연은 아닐지도 몰라.'

내가 품고 있던 아주 사소한 바람이 어딘가에서 응답해 온 것만 같았다.

절에 다다랐을 때, 청명한 목탁 소리와 염불이 들려왔다. 떨리는 마음으로 법당 문을 밀고 들어섰다. 내 영혼은 마치 가뭄 끝에 비를 맞은 나무처럼 법당 안에 온전히 젖어들었다. 나는 눈을 감고 합장한 채, 무너지듯 무릎을 꿇었다.

"죄송합니다… 죄송합니다…."

그 말 외에는 아무것도 떠오르지 않았다. 내 안에서 억눌렸던 감정의 댐이 터졌고 울음이 솟구쳤다. 실성한 사람처럼 울면서 연신 "죄송하다"는 말만 되풀이했다. 오랫동안 쌓였던 업장이 눈물로 씻겨나가는 것 같았다. 예불이 끝난 뒤, 보살님 안내로 주지 스님을 뵈었다.

"우리 절엔 처음이세요?"

"네, 스님. 밖에는 자주 왔는데… 안에는 오늘이 처음이에요."

"그럼, 이제 안에도 자주 오세요."

그 말에 함께 있던 보살님들이 웃음을 터뜨렸고 나도 함께 웃음이 났다. 주지 스님의 염화미소를 보는 순간, 다시금 눈물이 솟구쳤다. 나는 산에서 만난 여인이 건넨 사과를 깎아 나눠 먹으며 말로 설명할 수 없는 감정에 휩싸였다. 바로 여기가 오랜 겁 이전에 살았던 나의 집임을, 먼 길을 돌고 돌아 집으로 돌아온 것이다.

며칠 뒤, 나는 다시 심학산을 넘었다. 바위 앞에서 문득 발길이 멈췄다. 바위의 형상이 마치 포대 하나를 어깨에 걸친 포대화상처럼 보였다. 그제야 알았다. 절에서 자주 마주하던 포대화상이 이 산속 바위에도 새겨져 있었음을. 나도 모르게 벤치에 앉아 나직이 고백했다.

'그땐… 모든 게 괴로웠어요.'

그 말은 허공에 흩어졌다. 하지만 그 허공은 이미 부처님의 숨결로 가득 차 있었다. 나는 눈을 감고, 내 안의 괴로움과 그 괴로움을 품은 나 자신을 향해 다시 미소 지을 수 있었다.

그 순간, 하늘에서 꽃잎 하나가 내 발끝에 내려앉아 살며시 읊조렸다. 무언의 대답이었다.

심학산 너머, 약천사의 꽃비

바위는
그 자리에 있었다

나는
삼십 년을 돌아왔다

문은
한 번도 닫힌 적 없었고

마음은
한 번도 들어간 적 없었다

법당 안에도
바깥에도
부처는 없었다

그러나
꽃잎 하나가
발끝에 닿자

눈물이 먼지
합장했다

새벽의 손님

어둠이 아직 걷히지 않은 시간, 기척도 소리도 없었지만 나는 자연스레 눈을 떴다. 거실 구석, 부처님 앞에 조용히 앉았다. 짧은 숨을 들이마시고 부드럽게 내쉬었다. 그건 오래된 습관이자 하루의 문을 여는 방식이었다.

쌀을 씻어 안치고 북엇국을 끓였다. 아침 식사를 차리자, K가 조용히 나와 앉았다. 말이 없다는 건 때로 평화이고, 때로는 그저 텅 빈 무심함이기도 하다. 식사를 마친 그는 서둘러 출근했다. 현관문이 닫히는 소리조차 바람처럼 미약했다.

평소 같았으면 작업실로 향했을 것이다. 하지만 그날은 작업실 대신 이불을 찾았다. 몸도 마음도 무거웠다. 슬픔도 아닌, 피로도 아닌, 설명할 수 없는 가라앉음. 침대 위에 몸을 던지듯 엎드렸다. 잠인지, 잠과 깨어남 사이 어딘가인지, 나는 그 경계에 머물러 있었다.

그때였다. 방문 너머에서 누군가 불렀다. 낮게, 조심스럽게, 그러나 또렷하게.

"선생니임… 생니임…."

처음 듣는 목소리였다. 맑고 차분했다. 음의 높낮이가 거의 없어서, 목소리라기보다 작은 파문 같았다. 귀에 맴돌고, 피부에 스미는 소리. 그 순간, 온몸의 감각이 조용히 일어났다. 정적의 수면 위로 무언가 떠오르듯이. 문 너머로 인기척이 느껴졌다. 누군가 안으로 들어온 기척이 분명했다. 내 심장은 빨리 뛰기 시작했다.

"거기… 누구세요?"

문고리를 쥐고, 조심스레 물었다. 내 목소리는 생각보다 작았다. 이른 새벽, 외딴집, 불쑥 들어온 손님. 상황은 비현실적이었지만 이상하리만치 평온했다. 마치 내 안의 어떤 감정이 이미 오래전부터 이 순간을 기다리고 있었던 것처럼 방문을 열었다. 그녀는 내 방문 바로 앞이 아니라 거실 너머 현관문을 반쯤 열고 거기 서 있었다.

봄이 무르익었지만 아직 아침 공기엔 서늘한 냉기가 감돌았고, 햇살도 들지 않은 시간이었다. 그런데 그녀는 그 계절에 어울리지 않는 옷을 입고 있었다. 하늘빛에 가까운 옅은 푸른색 천 한 폭을 두르고 있었다. 아사 면처럼 얇은 옷이 어깨에서 발목까지 흘러내려 이슬에 젖은 채 그녀의 몸에 달라붙어 있었다. 마치 하늘 한 조각이 사람의 형상을 한 듯한 모습이었다.

"주지 스님에게 가려면, 어디로 가야 해요?"

그녀의 눈은 말이 없었고, 표정엔 아무런 감정도 없었다. 하지만 맑은 음성은 침묵의 정수를 말해주는 듯했다. 나는 그녀를 오래도록 바라보았다. 그리고 말문을 잊었다.

그 말이 낯설었다. 보통이라면 "절에 가려면"이라고 묻는다. 하지만 그녀는 곧장 '주지 스님'을 지목했다. 절이라는 장소가 아닌, 무엇인가 더 깊은 '존재'를 향한 질문 같았다. 잠시 어리둥절하고 있던 그때, 방문이 열렸다.

"뭐 해?"

K였다. 출근한 줄 알았던 그가 무언가 두고 갔다며 다시 돌아온 것이다. 나는 고개를 돌렸다. 그런데 이상했다. 나는 아직 방 안에 있었다. 문을 열고 길을 묻는 그녀를 분명히 보고 있었는데 내 몸은 여전히 이불 위에 누워 있었다. 그녀는 사라진 뒤였다. 마치 처음부터 존재하지 않았던 사람처럼. 나는 조심스레 K에게 물었다.

"혹시… 방금 어떤 여자 못 봤어?"

K는 웃고 있었다.

"무슨 여자? 아직 꿈꾸고 있는 거 아냐?"

그는 대수롭지 않게 말하고 다시 나갔다. 고요한 새벽, 나는 확신했다. 그녀는 분명히 있었다. 이슬에 젖은 옷, 맑고 청아한 목소리, 감정조차 멈춘 눈동자. 꿈이나 상상이 만들어낼 수 없는 것이었다.

며칠 동안 그 새벽은 내 곁을 떠나지 않았다. 문 앞에 계속 그녀가 서 있는 것 같은 착각이 들었다. 나는 그녀를 그려보았다. 천천히, 기억을 따라 손이 움직였다. 옷자락, 눈매, 턱의 선, 이슬의 흔적까지. 완성된 그림을 마주했을 때 나는 숨을 멈췄다. 그 얼굴은 내가 집에 모신 부처님과 같았다. 그 불상은 어깨까지 내려오는 긴 생머리를 가진 삼십 대 중반쯤의 여인이었다.

나는 네 살이었다. 어머니는 서른 중반, 젊은 나이에 세상을 떠나셨다. 내게 남은 기억은 많지 않았지만 어머니의 부드러운 품은 평생을 따라다녔다. 그리고 그 불상을 처음 모셨을 때, 나는 그 얼굴이 어머니와 닮았다고 생각했다. 이유 없는 익숙함. 말할 수 없는 정다움.

그날 새벽에 찾아온 여인도 그 모습과 다르지 않았다. 그녀는 절이 아니라 주지 스님, 곧 부처님께 가는 길을 물었다. 그건 이승에서 미처 다하지 못한 귀의의 뜻이었을까. 어머니가 나를 통해 부처님께 가고 싶었던 마음이었을까.

이슬에 젖은 하늘색 천을 걸치고, 그 맑고 고요한 음성으로 그녀는 조용히 자신의 길을 물었다. 그리고 사라졌다. 어느 쪽 세계로 향했는지는 모르겠지만, 그 새벽 이후, 나는 내 안의 어딘가가 조용히 깨어났음을 느꼈다.

한때는 마장魔障이라는 단어도 떠올랐다. 수행자의 길을 흐리는 환영과 집착. 예전 같으면 그런 것을 허상이라 여겼겠지만 지금은 다르게 느껴진다. 부처님은 말씀하셨다.

"염불 중에 보이는 모든 형상에 집착하지 말고,
말로 떠벌리지 말라. 다만 일념으로 정진하라."

하지만 나는 이 이야기를 지금 글로 남기고 있다. 아직 나는 수행자라기보다 길 위의 방랑자일지도 모른다. 그러나 그 여인은 분명 무언가를 전하러 온 존재였다. 그것이 한순간의 환상이든 어머니의 화현이든 혹은 자비의 그림자든 그날 새벽 현관문을 열고 들어 왔던 손님은 내가 걸어야 할 길의 방향을 조용히 가리켜주고 갔다.

"나무아미타불 관세음보살…."

그 이름은 그날 새벽 이후 내 마음의 안뜰에서 낮게, 맑게 울리고 있다.

푸른색 천 한 폭

이른 새벽
문 앞에 서 있었지요
젖은 옷 한 장 걸치고
말없이 나를 바라보던 당신

그 옷자락엔
세상 모든 눈물이
이슬처럼 스며 있었고

그 목소리는
이름 없는 별빛처럼
가만히 귀에 닿았지요
"주지 스님에게 가려면
어디로 가야 해요?"

당신은 묻고
나는 말문을 잊었습니다

그때 알았지요
당신은 길을 묻는 것이 아니라
나에게 길을 건네러 온 것이었다는 걸

이제

나는 이 길의 한복판에서

당신이 남긴 발자국을

따라갑니다

푸른 천 한 폭처럼 얇은 하루 위에

작은 기도 하나 적으며

나무아미타불 관세음보살

제3부

경계 너머의 목소리를 듣다

임경업 장군이 다녀간 밤

새벽의 정적 속에서 마치 여린 짐승의 발소리처럼 사박사박 비가 내리고 있었다. 나는 침대 헤드쿠션에 허리를 기댄 채 핸드폰을 들여다보며, 내 몸을 잠식한 병의 정체를 찾아 헤매고 있었다. 알 수 없는 병을 앓은 지 보름이 넘고 있었다.

한로가 지나고 찬 서리가 땅을 적시기 시작한 무렵, 몸을 움직이기조차 어려울 정도의 통증이 덮쳤다. 숨을 쉴 때마다 예리한 칼날로 온몸을 베는 것 같았다. 병원도 가지 못한 채, 겨우 물만 넘기며 버티던 나날. 몸은 눈에 띄게 야위어 갔다.

사람들은 내게 미련하다고 말했지만 몸은 영혼의 거울이라고 하지 않던가. 내 몸의 주인은 나, 병의 원인도 회복도 내 안에서 찾아야 한다고 믿었다.

그 새벽 서늘한 기운에 고개를 들었을 때, 나는 숨이 멎을 뻔했다. 눈앞에 푸른색 관복을 입은 사내가 정면으로 나를 바라보고 있었다.

빛을 머금은 듯 정갈하고 단정한 복색, 두 발은 보이지 않았지만 분명 내 침대 위에 서 있었다. 너무 놀라 비명이 터져 나왔다.

"악! 누, 누구세요?"

그는 단호한 목소리로 말했다.

"나는 임경업 장군이다."

장군이라면 갑옷을 걸치고 칼과 투구를 갖춘 무장인 줄 알고 있었지만 그의 모습은 궁궐에 입궐하는 문관처럼 엄숙하고 단아했다.

그는 이유도 맥락도 없이 한마디 말을 남기고 홀연히 사라졌다. 그 순간이 내 삶을 뒤바꾼 문 하나가 열린 시간이었다는 것을 그때는 알지 못했다.

나는 핸드폰에 정확한 날짜와 시간을 기록했다. 계묘년, 계해월, 병술일, 신묘시…. 우주 만물이 숨을 죽이고 죽음 속으로 걸어 들어가는 계절, 그와 마주했다.

며칠 후, 아래층 식당에 들렀다. 가족끼리 운영하는 식당이었다. 식당을 나서려는 내게 할머니가 말을 건넸다.

"우리, 다음 달에 이사 가요."

식당 손님이 줄어 이사를 결정했다고 했다. 그 순간 나는 확신에 찬 목소리로 말했다.

"올해 안에 이사하면 좋을 거예요."

딸들이 동시에 되물었다.

"어머, 그런 걸 어떻게 아세요?"

나는 큰딸의 생년월일시를 적어 달라고 했다. 2층으로 올라와 그녀의 사주를 펼쳐 보았다. 성실하고 손발을 써서 정직하게 벌어 먹고 사는 팔자였다. 복을 받게 해야겠다는 사명감이 들었다.

다시 식당으로 내려가 큰딸과 마주 앉아 사주의 흐름을 설명했다. 주방에서 듣고 있던 작은딸과 할머니까지 모여 각자의 사주를 내밀며 질문이 쏟아졌다. 나는 집중해서 한 사람 한 사람 인생의 흐름을 펼쳐주었다. 딸들은 팔에 소름이 돋 는다며 감탄했고 할머니는 눈시울을 붉혔다.

"맞아요… 다 맞아요…."

딸들은 자녀들과 예비 며느리, 아직 만나지 않은 배우자의 사주까지 부탁해왔다. 마치 내 가족을 돕듯 간절한 마음으로 풀어주었다. 작은딸은 평생 마음의 짐이던 이름을 고쳐달라고 했다. 나는 사주에 맞춰 새 이름을 지어주었다. 그들은 봉투에 복채를 넣어 주었고, 할머니는 정성껏 음식을 싸주셨다.

며칠 후, 큰딸에게 전화가 왔다. 이번 주말에 지방에서 이모와 사촌동생이 올라온다는 것이었다. 우리는 산 밑에 있는 카페로 이동했다.

나는 그들의 인생을 마치 오래 전부터 알고 있었던 듯이 술술 풀어나갔다. 결혼, 이직, 인연, 시기…. 그들의 얼굴이 점점 밝아졌다. 기댈 언덕을 찾은 사람들의 표정이었다. 그때 이모가 느닷없이 자리에서 일어나 깊은 절을 했다.

"이렇게 훌륭한 선생님을 뵙게 돼서 감사합니다."

나는 당황했고, 부끄러웠고, 동시에 무언가 내 안에서 깨어나는 걸 느꼈다. 그들의 사연을 듣고 운명의 흐름을 짚어주는 일이 전혀 낯설지 않았다. 오히려 오랜 시간 잊고 있던 나의 본래 자리에 되돌아온 듯한 느낌이었다.

출판이라는 외길을 걸어온 내가, 누군가의 운명을 함께 짊어지고 길을 밝혀주는 사람으로 다시 태어나고 있었다.

한 치 앞도 알 수 없는 세상. 그러나 이제 나는 두렵지 않다. 운명 앞에서 더는 무기력하지 않다. 나는 내 운명을 받아들이고, 그 길 위에서 다른 이들의 운명 또한 밝혀주는 사명이 있음을 알게 되었다.

겨울 저녁, 지는 해를 바라보며 문득 그 새벽의 장군이 떠올랐다. 푸른 관복을 입고 나를 뚫어지게 바라보던 임경업 장군. 그는 단지 지나간 환영이 아니었다. 나를 깨우기 위해

온 영혼이었고, 나를 이 길로 이끄는 계시였다. 어쩌면 지금 이 순간도, 장군의 혼백은 내 안에 머물러 있을지도 모른다.

비, 푸른 문을 지나며

빗방울이 창문을 스친다
말 없는 발자국처럼

침대 위, 나는
한 벌의 푸른 관복을 본다
눈을 감아도 사라지지 않는 색

그는 문 안으로 들어왔고
나는 나의 몸을 나가고 있었다

관문은 열려 있었다
말없이, 반짝이며,
안과 밖의 구분이 없는 경계

숨이 베이고
시간이 접히고
침묵이 말을 건넸다

나를 지나간 존재가 있었고
나를 부르는 운명이 있었다

그날 이후,
나는 비처럼 떨어져
타인의 삶에 스며들었다

누군가는 나를 '선생'이라 불렀고
나는 끝내 대답하지 않았다

이름 없는 혼이
내 어깨 위에 내려앉아
한 치 앞을 비추었다

마치 오래된 창호지 뒤에서
저마다의 삶이 조용히 빛나는 것처럼

잊힌 무덤과 날아오른 영혼

한 번쯤 이런 상상을 해본 적이 있을 것이다.

'전생을 기억한 채 살아간다면, 나는 지금 누구와 어떤 관계를 맺고 있을까?'

어떤 이는 나에게 은혜를 건넨 존재였을지도 모른다. 또 어떤 이는 지울 수 없는 원한을 남긴 채 떠난 사람일 수도 있다. 전생의 기억을 온전히 간직한다면, 인간관계는 얼마나 복잡해질까. 그것은 어쩌면 극락보다 지옥에 가까운 삶일지도 모른다.

어느 영성 서적에서는 사람이 태어나 두세 살 무렵까지 이전 생의 흔적을 희미하게 간직한다고 한다. 그러나 시간이 지나 새로운 삶이 몸과 마음을 채우면, 그 기억은 서서히 사라지고 결국 완전히 지워진다고 한다. 인간에게 망각은 필연적인 구원일지도 모른다. 망각이 없다면 우리는 사랑할 수도, 다시 시작할 수도 없을 테니.

나는 한 사람을 떠올릴 때마다 이유 없이 가슴이 막혔다. 말로 설명할 수 없는 응어리가 무의식 속에 오래 묶여 있는 듯했다. 그러던 어느 날, 아주 사소한 계기로 그 실타래의 첫 매듭이 풀렸다.

주말 아침, K와 함께 천안으로 향했다. 오빠가 직접 기른 배추와 무를 가지러 가는 길이었다. 텃밭 앞에서 오빠는 배추와 무 상자를 차에 실어주었고, 우리는 근처 식당으로 자리를 옮겼다.

이른 아침의 식당은 텅 비어 있었다. 오빠는 익숙한 듯 냉장고에서 막걸리와 잔을 꺼냈고, 식당 주인은 자연스럽게 달걀말이와 콩나물무침을 내왔다.

막걸리 두 잔을 비운 오빠가 말했다.

"난 아버지가 참 원망스러웠다."

평생 그런 말을 한 적 없는 오빠였다. 하지만 이제 아버지의 나이를 지나 살아온 그는, 어린 시절의 기억을 떠올리며 숨겨둔 속마음을 털어놓았다.

"내가 자식을 키워보니까 알겠더라. 아버지가 얼마나 나를 고생시켰는지… 이해하려고 해도, 그땐 정말 너무했어."

가족이라는 이름 아래 수십 년 눌러온 감정의 무게가 그의 목소리를 떨게 했다. 오빠는 늘 동생들이 상처받지 않도록 조심하며 살아온 사람이었다.

"너희들 학교 다닐 때 도와주지 못한 게 지금도 마음에 남아."

그 말에서 나는 묵은 슬픔과 미묘한 자책을 동시에 느꼈다.

"오빠, 설날마다 색깔별로 털모자랑 목도리 사다준 거 기억나? 노랑, 빨강, 초록…."

"내가… 그랬나?"

오빠의 얼굴이 조금 밝아졌다. 잠시 후 그는 조심스럽게 말을 이었다.

"할머니 산소, 밀례하려고 한다."

그 말을 듣는 순간, 몸 전체에 전율이 흘렀다. 내 안에서 오래 막혀 있던 답답함의 근원이 바로 '할머니'였기 때문이다.

할머니는 내가 태어나기 전에 세상을 떠났다. 아들 셋과 딸 다섯을 낳고도 자리를 지키지 못한 어머니였다. 무병이 들어 계룡산 근처 신도안 절로 들어갔다고 한다. 어린 자식들을 두고 무당이 될 수는 없다며 집을 떠난 것이라고 했다.

그 무렵, 아버지는 한 스님을 만났다고 한다.

"딸을 낳으면 절에 이름을 올리고 기도를 많이 하십시오."

그 스님은 그렇게 말한 뒤 내 이름을 남기고 조용히 길을 떠났다고 했다.

나는 어릴 적 잦은 병치레를 했다. 죽음의 문턱을 넘나드는 희귀한 병도 앓았다. 새엄마는 절, 장독대, 우물가, 부엌문, 닭장 앞까지 나를 데리고 다니며 기도했다. '할머니의 무병이 아이에게 전해질지 모른다'는 두려움 때문이었다.

할머니는 선산이 아닌 외딴 산속에 홀로 묻혀 있었다. 어린 시절, 아버지를 따라갔던 그 무덤은 작고 초라했다.

"왜 선산에 모시지 않았어요?"

물었을 때, 아버지는 대답 대신 나를 바라보기만 했다. 그 눈빛에는 말로 표현되지 않는 감정이 뒤섞여 있었다.

그 할머니가 이제 다시 움직이려 하고 있었다.

밀례 날짜를 열흘 앞두고 오빠에게 몇 장의 사진이 도착했다.

파헤쳐진 무덤, 삭아버린 유골, 그리고 오백 년 묵었다는 소나무….

"왜 연락 없이 먼저 했어?"

오빠는 내가 먼 길을 고생하며 올까 봐, 고향 친구들이 자청해 도와준 김에 미리 했다고 했다.

나는 울먹이며 말했다.

"염주도 태우고, 염불도 해드리려고 했는데…."

그날 밤, 꿈에 할머니가 나타났다. 열두 폭의 흰 비단옷을 두르고 천천히 하늘로 오르고 계셨다. 선계에 닿은 듯한 모습이었다. 나는 합장한 채 하늘을 향해 조용히 기도했다.

'선계의 도서관에서 사람을 살리는 책 한 권 내려주소서. 미완성을 완성시킬 수 있는 섬세한 기운을 주소서.'

꿈에서 깨어보니 초하루였다. 나는 염주를 가방에 넣고 절로 향했다. 초하루 3일 기도 법회에서 할머니의 극락왕생을 빌었다.

며칠 뒤, 문득 고종사촌 언니에게 할머니 무덤 사진을 보냈다. 뜻밖에도 언니는 전날 밤 이상한 꿈을 꾸었다고 했다.

"세상에… 어젯밤, 시신이 든 관을 처리하는 꿈을 꿨어. 처음이야."

삶과 죽음은 이렇게 비밀스럽게 얽혀 있었던 것일까. 그 꿈은 마치 예고편처럼 현실을 비추고 있었다.

"유골이 거의 없네."

"네, 새의 장례식 같아요."

사진 속에는 한 줌도 안 되는 검은 부스러기만이 남아 있었다. 새의 깃털처럼 보였다. 아주 오래된 슬픔이 하늘로 날아간 것 같았다. 땅이 오래 품고 있던 슬픔을 하늘이 마침내 데려간 것이다.

며칠 후, 오래된 짐을 정리하다 익숙한 책 한 권을 발견했다.

'천지팔양신주경'.

어릴 적부터 무의식 속에 스며 있던 이름이었다. 혼인, 출산, 병환, 장례가 있는 집에서 할머니가 그 책을 들고 독경을 올렸다고 한다.

입에서 저절로 경문이 흘러나왔다.

'아거니 니거니 아비라 만례 만다례 사바하….'

그때 나는 깨달았다. 지금의 나는 무당도, 스님도 아니지만 슬픔을 보내고 생을 잇는 사람이라는 것을.

할머니는 오래전 집을 떠났고, 집안은 오랫동안 그 여인을 외면했다. 나는 그 후예로 태어났다. 그리고 결국 그 여인을 다시 불러내어 보내는 사람이 되었다.

이것이 전생의 인연이라면, 슬픔을 완성시키고 사랑을 회복시키는 인연이어야 한다.

초록 기와지붕 아래

풀빛에 물든 계절, 세상이 온통 초록으로 물들었다. 이사 온 지 몇 해가 흘렀건만, 나는 여전히 이 집과 서로의 존재를 조심스레 더듬고 있었다. 그리고 천천히 아주 느리게 익숙해지고 있었다.

그런데 그 고요한 나날을 갑작스레 깨뜨린 것은 날선 외침 한 줄기였다.

"누가 왔어?"

나는 자리에서 벌떡 일어났다. 방 안의 공기마저 싸늘하게 식어가는 듯했다. 설명할 수 없는 공포가 피부 아래로 스며들었다. 그것은 단순한 고함이 아니라, 긴 세월 응축된 분노가 한순간 터져나온 듯한 울림이었다.

나는 조심스레 안방 문틈 사이로 고개를 내밀었다. 햇빛이 쏟아지는 거실 중앙, 안방을 등지고 앉은 한 노파의 뒷모습이 보였다. 육중한 어깨, 큰 체구, 등 너머로도 느껴지는 말할 수 없는 무게감. 그녀는 아무도 없는 현관 쪽을 향해 여전히 날카로운 눈빛을 던지고 있었다.

그 광경은 생생했지만 동시에 꿈결 같았다. 등을 보이고 있었음에도 이상하게 그녀의 격노한 표정이 또렷이 떠올랐다. 나는 얼어붙은 듯 그 자리에 한참을 서 있었다. 두려움이라기보다는 경외감에 가까운 감정이 밀려왔다.

잠시 뒤, 노파는 사라졌다. 그리고 마치 아무 일도 없었던 듯, 집 안은 다시 고요를 되찾았다. 그러나 그녀의 존재는 마음 깊은 곳에 각인되었다. 어딘가에 설명할 수 없는 기운이 남아 있는 것만 같았다.

그날 밤, 이 집에 처음 들어섰던 날이 떠올랐다. 마당 끝에 서서 집을 올려다보았을 때 느꼈던 묘한 비애 같은 감정. 2층으로 이어진 계단을 오르며 다리에 힘이 들어가던 묵직한 기운. 햇빛 가득한 날이었지만 거실 안은 이상하게도 싸늘했던 공기. 그때는 단지 낯선 집에 대한 어색함이라 여겼지만 이제는 하나하나 의미를 달리하며 되살아났다. 집은 은밀한 기억을 품은 채 묵묵히 누군가의 삶을 받아들이고 있었던 것이다.

동네에 이사 온 지 벌써 5년, 나는 여전히 이웃들과 깊은 교류 없이 지낸다. 아침저녁으로 반려견들과 산책을 나설 때, 아래층 식당 식구들과 목례를 주고받는 것이 전부다. 다만 식당의 막냇동생은 화단의 꽃 이야기며, 절에서 얻어온 왕벚나무 소식을 나직이 전해주는 따뜻한 사람이다.

어느 날, 그녀에게 조심스럽게 그날의 이야기를 꺼냈다. 내가 본 노파의 인상착의를 설명하자 그녀는 눈을 동그랗게 뜨더니, 식당 문을 활짝 열고 언니를 불렀다.

"언니! 위층 할머니 말이야. 몸집 크고 목소리 크고, 성격 있으셨던 그분 맞지?"

식당 식구들은 일제히 고개를 끄덕이며, 내가 말한 분위기와 표정까지 꼭 닮았다고 했다. 하지만 이내 얼굴에 미묘한 기색이 스쳤다. 당혹과 꺼림칙함이 동시에 깃들었고 조심스러운 침묵이 흘렀다. 막냇동생은 나를 식당 뒤편으로 데려가 나직이 말을 이어갔다.

그녀의 말에 따르면 내가 이사 오기 2년 전, 이 집에서는 뉴스에까지 보도될 만큼 큰 사건이 있었다고 한다. 마당 한켠 대추나무 아래에서 그 노파가 남편의 칼에 찔려 세상을 떠났다는 것이었다. 단순한 사고가 아니었다. 남편의 외도와 재산 문제로 다툼이 잦았고, 법적으로 접근금지 명령까지 내려졌던 상황. 그러던 어느 날 남편이 무단 침입했고, 노파는 그를 피해 달아나다 그 자리에서 생을 마감하게 된 것이다.

그녀의 이야기를 듣는 동안, 오래된 퍼즐 조각들이 하나둘 제자리를 찾아 맞춰지는 느낌이었다. 이사 온 지 얼마 안 되었을 무렵, 앞집 할아버지가 툭 던졌던 말이 떠올랐다.

"이 집은 동네에서 제일 좋은 명당인데… 아주 착한 사람 아니면 서너 달도 못 버텨요."

그때는 웃으며 넘겼지만 돌이켜보니 그 말 안엔 무언의 암시가 담겨 있었는지도 모르겠다. 그날 이후, 나는 마당 한켠 대추나무를 자주 바라보았다. 긴 그림자를 드리운 나무 아래엔 아직도 말로 표현하기 어려운 기운이 맴도는 듯했다. 그분은 여전히 무언가를 이야기하고 싶었던 건 아닐까.

며칠 뒤, 나는 마음을 다잡고 부엌 선반 위에 청수를 올려 두었다. S가 구해준 유기잔에 정갈한 물을 담고, 두 손을 모아 간절히 기도했다. 구천을 떠도는 억울한 넋이 부디 부처님 품 안에서 평안하시길. 진심으로 기도하면 언젠가는 그 마음이 닿을 수 있으리라 믿었다.

기도를 시작한 지 어느덧 3년, 이 집은 그 어느 때보다 따스해졌다. 동쪽 창으로 아침 햇살이 흘러들고, 오후에는 부드러운 바람이 서쪽 문으로 돌아 나갔다. 빛과 바람과 간절한 기도가 스미는 동안, 집은 오랜 슬픔을 털어내고 은은한 빛과 맑은 기운으로 고요히 물들어 있었다.

초록 기와지붕 아래, 이 집은 지금도 너른 품으로 우리 가족을 품고 있다. 상처 입은 영혼도, 외로이 떠도는 기억도, 결국은 누군가의 간절한 기도로 다독여질 수 있음을 나는 배웠다.

초록 기와지붕 아래에서

햇살이 아련히 스며들던 곳,
한 생이 머물다 간 자리에
아직 바람은 낮게 숨을 쉰다.

소리 없이 닫힌 기억이
언젠가 당신을 불러냈고,
이제는 한 줌의 기도로
그 모든 울분을 감싸 안는다.

이 집은,
누군가의 마지막 그림자를
은밀히 품었던 곳.
하지만 지금은
햇살과 바람이 기도하는 곳.

당신의 분노도,
그날의 고통도,

이제는 부디 다 잊고 가시기를.

초록 기와지붕 아래
누군가 당신을 위해
매일 정성을 올립니다.
잊히지 않기 위해서가 아니라
편히 떠나시라고.

빛이 머무는 그곳까지
당신의 혼령이 고요히
닿기를 바랍니다.

장대비 아래, 금빛 이름 하나

이십 대 초반, 사회의 첫 문턱을 넘으며 출판이라는 세계에 발을 들인 이후, 오십 대 말까지 나는 단 한 번도 직업을 바꿔본 적이 없었다. 원고를 다듬고, 활자를 배열하고, 지면의 여백에 어울릴 문장을 고민하던 날들이 습관처럼 이어졌다. 그 일은 고되고 지루했지만, 묘하게도 늘 나를 잡아끄는 끈이 있었다. 그러나 정말로 운명은 어느 날, 예고 없이 그 결을 바꿔 놓았다.

정확히 언제부터였는지 기억나지 않는다. 그야말로 어느 날 눈을 떴을 때 내 손에 들린 명함이 달라져 있었다. 명함 위의 낯선 이름, 그 아래에 적힌 생소한 직함. 나는 한참을 그 조각 같은 글자들을 들여다보다가, 문득 오래전의 한 장면이 떠올랐다. 내면의 어딘가 고요하지만 깊은 물결처럼 일렁이던 하나의 꿈. 아니 더 정확히는 운명처럼 스며든 꿈 한 편. 나는 그곳에서 이 이름을 처음 받았다. 그리고 지금 마치 어떤 계시처럼 현실이 그것을 따라온 것이다.

그 꿈은 내가 아직 십 대의 경계를 막 넘던 시절에 꾸었던 것이었다. 세월이 흐른 뒤에도 그 꿈은 바래지지 않았고, 마치 피부 아래 어딘가에 살아 있는 듯 선명하게 나를 지배했다. 꿈 속에서 나는 한껏 어리고, 세상 모든 것이 낯설고 거대하게 느껴지던 소녀였다.

그날은 동네에서 가장 큰, 대궐같은 집에서 잔치가 벌어지는 날이었다. 어른들의 말로는 마을에 귀한 손님이 온다고 했다. 그런데 아버지는 느닷없이 나에게 그 집에 가보라고 말했다. 이유도 설명하지 않고, 다녀오기만 하라고. 나는 남의 잔칫집에 어린애가 무엇하러 가느냐고 투덜댔지만, 아버지는 의미심장한 얼굴로 등을 떠밀었다. 내키지 않았던 이유는 따로 있었다. 그 집엔 또래 남자아이, 나와 동갑인 막내아들이 있었고, 괜히 그와 마주치고 싶지 않았던 것이다.

어쩔 수 없이 집을 나선 나는 골목을 지나 큰 길을 따라 천천히 내려갔다. 이상하게도 동네는 텅 비어 있었다. 집집마다 굳게 닫힌 창, 고요한 대기, 공기 중엔 잔칫날 특유의 들뜬 기운보다 어딘가 낯선 정적이 감돌고 있었다. 골목 어귀에 다다르자, 기와를 얹은 긴 담장이 길게 펼쳐지기 시작했다. 그 담장은 마치 시간의 경계처럼 느껴졌다. 현실에서 꿈으로 넘어가는 문턱, 혹은 어린 시절과 미래가 맞닿은 비밀스러운 경로.

대문은 활짝 열려 있었다. 웅장한 대문 너머로 펼쳐진 마당에는 사람들로 북적였다. 하얀 무명 치마저고리를 입고 수건을 두른 동네 아낙들이 음식을 장만하고 있었고, 흰 명주 바지에 대님을 졸라 맨 사내들은 나무 기둥을 세우며 천막을 설치하고 있었다. 그 풍경은 분명 현실 같았지만, 어딘가 시간이 멈춘 듯 비현실적이기도 했다.

그리고 그 순간, 하늘이 갈라지듯 장대비가 쏟아지기 시작했다. 장대비는 큰 기와집과 그 안에 있는 사람들을 무참히 덮쳐버릴 듯 거세게 몰아쳤다. 비는 굵은 막대기처럼 직선으로 내리꽂혔고, 나는 멍하니 바가지를 엎어 놓은 것 같은 큰 빗방울들을 세고 있었다. 그건 단순한 비가 아니었다. 무언가를 씻어내고 새로운 것을 예고하는 의식 같았다.

그때, 마루 위에 앉아 있던 한 할아버지가 내게 손짓을 했다. 그는 푸른 한복을 곱게 차려입고 있었고, 얼굴은 어딘가 신령스러웠다. 나는 비를 흠뻑 맞은 채 마당을 가로질러 달려갔다. 그는 내게 마른 수건을 건네며 방 안으로 들어가 보라고 했다. 방 안에는 또 다른 남자 어른들이 있었고, 그들은 높은 천장을 가리키며 올라가 보라고 했다.

그곳엔 마치 탑처럼 1층부터 3층까지 이어진 Z자형 나무 계단이 있었다. 손잡이는 없었고 난간은 삐걱거렸다. 나는 숨을 고르며 조심스럽게 계단을 올랐다. 3층 꼭대기, 그곳에는 영험한 기운을 풍기는 여인이 앉아 있었다. 그녀는 금빛으로 칠해진 작은 좌탁 앞에 앉아 있었고, 좌탁 위에는 오래된 책 한 권이 펼쳐져 있었다.

나는 그녀에게 다가갔고, 그녀는 미소를 지으며 내게 말했다.

"이제부터 네 이름은 '은수'란다."

나는 얼떨떨한 얼굴로 되물었다.

"네? 은숙이요?"

"아니, 은수. 은하수에서 '하'자 하나만 뺀 거야."

그 말에 나는 고개를 끄덕였다. 그녀는 다시 덧붙였다.

"너는 은수라는 이름으로 밤하늘의 은하수처럼 향기를 맑히는 사람이 되어야 해."

그 순간, 나는 그 이름이 나의 것이 될 운명이었음을 직감했다. 좌탁 위에 놓인 책과 작은 종이 한 장을 받아들고, 나는 계단을 조심스레 내려왔다.

밖으로 나오자 장대비는 여전히 마당을 휩쓸고 있었다. 그런데 이상하게도 아무도 비를 피하지 않았다. 모두가 그저 자기 자리를 지키며 분주하게 움직이고 있었다. 그 비는 사람들을 젖게 하지 않았다. 오히려 세상 모든 것을 더 깨끗하게 만들어주고 있었다. 오색 투명한 빗방울들이 공중에서 서로의 몸을 부비며 하나로 합쳐지고, 그 물결은 마치 은하수처럼 끝없이 흘러 다녔다.

세월이 흘러, 나는 출판사에서 받은 새로운 명함을 손에 들었다. 거기엔 정말로 '은수'라는 이름이 적혀 있었다. 아득한 꿈속의 이름이 현실에서 다시 나를 찾아온 것이다. 그렇게 나는 자연스럽게, 그러나 필연적으로 역술의 세계로 들어섰다.

출판 업무를 하면서도 나는 짬짬이 명리학, 주역, 동양철학을 공부했다. 어렸을 때부터 신비주의적 세계에 깊은 관심이 있었기에, 철학 공부는 의무가 아니라 오히려 돌아가야 할 원래 자리 같았다. 한자에 익숙한 직업적 배경은 역학 공부에도 큰 도움이 되었다. 그렇게 나의 공부는 점점 깊어지고, 그 끝은 사주명리라는 거울에 다다랐다.

처음에는 지인들의 사주를 봐주는 정도였다. 하지만 어느 순간, 사람들은 서로를 통해 나를 찾아오기 시작했다. 점점 '부캐'였던 역학 상담이 내 '본캐'가 되었다. 역학은 단순한 예언이 아니라, 인생의 흐름을 읽고 스스로를 이해하는 술학術學이었다. 그리고 내가 왜 그렇게 살아왔는지 알게 되었다. 사주에 없는 길을 억지로 걸으려 했으니 늘 불편했던 것이다.

이제 나는 비로소 편안한 옷을 입은 듯한 기분으로 살고 있다. 꿈속에서 본 투명한 빗방울들은 각기 다른 사람들의 삶 속으로 스며들어 하나의 큰 바다를 이루었다. 그 바다 위에 나는 '은수'라는 이름으로 떠 있다. 오래된 금빛 좌탁 위, 한 권의 책과 한 장의 종이. 그것이 지금의 나를 만들어낸 시작이었다.

그리고 여인이 건네준 '은수'라는 이름처럼, 나는 인생의 비밀을 풀어내는 깊은 언어들을 갈고닦으며, 밤하늘 은하수처럼 향기를 밝히는 삶을 살아가려 한다.

그림자가 말을 걸 때

가끔은 기척이 먼저 온다. 보이지 않는 무언가가 살결을 스치고, 마음이 뒤따라 그 의미를 더듬을 때 비로소 멈춰 선다. 소리 없는 존재들이 먼저 다가오고, 나는 서서히 그 목소리를 알아듣는다.

그 기척은 바람일 수도, 오래된 영혼의 잔향일 수도, 혹은 이 세상 틈새를 지나온 흔적일 수도 있다. 보이지 않던 것이 눈앞에 나타나고, 들리지 않던 것이 몸으로 스칠 때, 이미 다른 차원의 부름이 시작된다.

그날 다가온 기운은 분명했다. 회색의 그림자가 등 뒤에서 머리 위로 우산처럼 드리워지고, 서늘한 기운이 몸을 감쌌다. 나는 그것을 단순한 느낌이 아니라 눈으로 직접 확인할 수 있었다. 두려움과는 거리가 멀었고, 앞으로 마주할 일을 받아들일 마음의 준비를 일깨워주는 듯 평온했다.

수행자의 하루는 그렇게 시작된다. 말 없는 존재가 먼저 자리를 비워두고 그 뒤를 따라가는 일은 결국 나의 몫이 된다. 그날의 그림자 역시 나를 한 사람과 한 영혼의 무게로 이끌었고, 나는 그 자리에서 다시 수행의 깊은 층위로 내려가야 한다는 사실을 깨달았다. 그림자가 말을 걸 때, 그 목소리는 언제나 한 생을 넘어 더 깊은 자리에서 온다.

산책을 마치고 작업실로 돌아와 원고를 손보고 있을 때, 핸드폰이 울렸다.

"거기가… 묘법화죠?"

낯선 목소리였지만 내 법명을 알고 있었다. 며칠 전 언니가 누군가를 연결해주겠다고 했던 말이 떠올랐다. 통화 너머의 그의 말투는 예의라고는 찾기 어려웠고, 주소를 캐묻는 태도도 거칠었다. 그럼에도 나는 끝내 거절하지 못했다. 이미 길을 나섰다며 약속을 밀어붙였기 때문이다. 나는 마음속으로 관세음보살을 염송하며 집 근처 카페로 향했다.

늦여름의 햇살은 등에 뜨거운 침처럼 꽂혔다. 걸음을 옮기며 스스로 다짐했다.

'이 더위 속에서도 단단한 씨앗을 품어야 한다.'

카페에 도착했지만 그는 오지 않았다. 약속 시간이 지나도록 나타나지 않아 나는 창밖 풍경을 멍하니 바라보며 시간을 흘려보냈다.

그때였다.

등 뒤에서부터 머리 위로 서늘한 기운이 스르르 스며들었다. 누군가가 살며시 우산을 씌워주듯, 짙은 회색의 그림자가 내 머리 위로 넓게 드리워졌다. 전율에 가까운 광경이었지만 이상하게도 불편하지 않았다. 오히려 어딘가에서 안도가 번져왔다.

그 기운은 한동안 나를 감싸고 있다가 서서히 가라앉았다. 나는 다시 마음을 고르고 약속 시간을 기다렸다. 그렇게 한 시간이 흘렀다.

"혹시, 묘법화 선생님이신가요?"

고개를 들자 백발의 신사가 서 있었다. 통화 때의 거친 목소리는 찾아볼 수 없었고, 수행자의 기운이 은근히 풍기는 얼굴이었다. 그는 자신을 모 사장이라 소개하며 여러 사업에 대해 상담을 청했다. 나는 사주를 살피며 차분히 답을 건넸고, 대화는 조용히 이어졌다. 그런데 끝이 가까워질 즈음 그의 한 마디가 공기 속에 오래 머물며 분위기를 바꿨다.

"또 한 가지는 정육 사업을 하려고 합니다. 소와 돼지를 공급받아 고기 장사를 할 계획입니다."

순간, 말보다 먼저 몸이 반응했다. 숨이 죄어오고 뜨거운 열이 가슴 깊숙이 치솟았다. 그 아래에서 알 수 없는 떨림이 차오르더니, 울음도 비명도 아닌 이상한 소리가 저절로 새어

나왔다.

“아아아… 으으으… 으허헉….”

식은땀이 온몸을 훑고 지나갔고, 나는 테이블을 붙든 채 겨우 버텼다. 놀란 그는 고개를 깊이 숙였다.

“아이고… 왔네… 왔어. 미안해요. 안 할게요. 안 해요….”

그 말은 단순한 당황이 아니었다. 그 순간, 그 자리에 어떤 ‘존재’가 내려와 있었음을 그도 알고 있었다.

집으로 돌아오는 길, 나는 잠시 스쳤던 회색의 그림자를 떠올렸다. 그리고 얼마 전 푸른 관복의 형상으로 다녀갔던 한 혼령이 의식의 표면으로 떠올랐다.

임경업 장군, 나라를 지키다 정쟁 속에서 허망하게 죽어간 장수. 그의 기운은 허상이 아니었다.

모 사장이 입에 올린 살업의 그림자를 마주한 순간, 장군의 영혼이 다시 내려온 것이었다. 그는 내 몸을 빌려 울었고, 숨을 죄어오며 절박한 마음을 토해냈다. 또다시 생명의 고리가 고통 위에 쌓이지 않도록 막고자 했던 것이다.

사주를 살펴보니 모 사장은 본래 남에게 모질게 굴지 못하는 성정이었다. 그래서인지 남의 무게까지 자신에게 끌어안으며 괴로워하는 기질이 있었고, 그 마음결은 인연을 깊이 받아들이는 사람에게서 흔히 보이는 결이었다.

그날 이후, 나는 수행자로서 한층 더 깊은 곳으로 걸어 들어갔다. 그때의 일은 단순한 심리적 동요가 아니었다. 수많은 영혼이 지나가며 남긴 진동에, 내면 어딘가에서 말없이 응답한 것이다.

살아서 다하지 못한 뜻, 떠나지 못한 마음. 그런 마음들이 내게 말을 걸고 있었다.

그림자가 말을 걸 때, 나는 귀를 기울인다. 고통과 눈물이 내 몸을 통해 말을 건넬 때, 나는 그들의 입이 된다. 지나가는 전율, 문득 북받치는 울음, 설명할 수 없는 온기와 냉기. 나는 이제 그것을 의심하지 않는다.

오늘도 수행의 자리로 돌아간다. 말 없는 존재들을 위해 조용히 방석 위에 앉는다. 이 자리에서 울고, 비우며, 다시 듣는다.

언젠가 회색의 그림자가 다시 말을 걸어올 때, 나는 그 목소리에 온몸과 마음으로 응답할 준비가 되어 있기를 바란다.

보이지 않는 유리병

얼마 전, 전화로 상담한 스무 살 후반의 고객 P에게서 다시 연락이 왔다. 그는 서울 시내 한 오픈센터에서 트레이너로 일하고 있는데, 자신의 회원 한 명을 소개해도 되겠냐는 정중한 문의였다.

내가 흔쾌히 승낙하자, 그는 상담자의 이름과 생년월일, 시간, 연락처를 빠짐없이 정리해 보내왔다. 사소한 일 처리 하나에도 묻어나는 반듯함. 그 정중함은 이미 그의 사주팔자 안에서 보였던 성정과 닮아 있었다.

팔자는 못 속인다. 그 사람의 기질과 삶의 태도는 종종 가장 사소한 디테일에서 스멀스멀 드러나기 마련이다.

그날 오후, 잠시 책상 앞에 앉아 보내온 정보를 토대로 상담자의 사주를 펼쳤다. 먼저 눈에 들어온 것은 그녀가 지닌 강한 행운의 흐름과 타고난 성취운이었다. 머리도 비상하고 추진력도 강하며 사회적으로도 인정받기 쉬운 구조였다.

그런데 이상하게도 사주의 한쪽이 텅 비어 있는 듯한 불균형이 느껴졌다. 마치 모든 것이 균형을 이루고 있는데, 단 하나의 조각만 빠져 있는 퍼즐처럼. 그때 직감했다. 이 사람에게는 아마 자식운과 관련된 고민이 있을지도 모르겠다고.

다음 날, 약속한 시간에 정확하게 전화가 걸려왔다. P가 말했던 그 회원이었다. 그녀의 목소리도 말투도 차분하고 침착했다. 한 마디로 '정리된 사람' 같았다. 하지만 그 정돈된 표면 아래로 뭔가 눌려 있는 감정이 느껴졌다.

나는 조심스레 말을 건넸다.

"이렇게 능력이 좋으신 분이 무슨 고민이 있으실까 싶네요."

그녀는 웃지도 않고 담담히 말했다.

"그런데도 많이… 힘드네요."

삼십 대 후반인 T는 결혼한 지 3년이 됐다고 했다, 남편과 본인 모두 안정된 직장과 충분한 수입을 갖고 있는, 보기 드문 조화를 이룬 커플이었다. 지인들 사이에서는 '완벽한 커플'이라 불릴 정도였지만 단 하나의 부재. 그 부재가 그녀를 무너뜨리고 있었다.

"몇 군데 병원을 다녔어요. 검사도 다 해 봤고요. 의사들도 고개를 갸우뚱해요. 원인이 없는데, 결과만 있는 거죠."

그녀는 허탈한 듯 말했다.

"내 몸에 무슨 문제가 있는 것 같아요. 아무래도… 아기가 안 생기면 그냥 평생 혼자 살려고요. 그런 마음이 들어요."

그 말에서 느껴지는 자책과 절망이 너무 깊어, 나도 잠시 말을 잇지 못했다. 그러다 다시 그녀의 사주를 눈으로 더듬었다. 그리고 문득 처음 봤을 때 눈에 띄던 글자들이 떠올랐다.

'자식운의 결절'

분명 자식의 기운은 있었다. 하지만 그 흐름이 정체되어 있었다. 물길은 있는데 물이 흐르지 않는 느낌. 이건 단순한 신체적 원인만으로 설명할 수 없는 구조였다. 그럴 땐 나는 '업보'라는 단어를 떠올리곤 한다.

물론 조심스러운 표현이다. 하지만 우리가 말하는 '업'이란 단지 벌이나 형벌을 의미하는 것이 아니다. 유전처럼, 기억처럼, 고요히 흐르는 보이지 않는 정보의 파동이다.

그녀의 사주는 마치 투명한 유리병 안에 갇힌 씨앗 같았다. 자식이라는 가능성은 있지만, 바깥세상과 연결되지 못하고 병 안에 머물러 있는 구조. 그 병은 깨져야만 했다. 그래야만 그 안에 있는 생명이 세상으로 나올 수 있을 테니까.

나는 조심스럽게 입을 열었다.

"이건 절대로 당신의 잘못이 아닙니다. 몸의 문제가 아니라, 그저 흐름이 막혀 있을 뿐이에요. 다행히 올해 안에 그 벽이 열릴 운이 들어와 있어요. 포기하지 말고 조금만 더 기다려

보세요.”

그리고 덧붙였다.

“만약 올해를 놓치면… 그 다음 기회는 12년 후입니다. 그러니 지금이 중요합니다. 진심으로 노력하세요.”

며칠 후, 나는 한 스님께 들었던 자식을 잘 보게 해준다는 병원의 정보를 그녀에게 메시지로 전했다. 그녀는 짧지만 깊은 감사가 담긴 답장을 보내왔다.

“신경 써주셔서 감사합니다. 선생님, 감동이에요.”

그 짧은 문장이 이상하게도 마음을 뭉클하게 했다. 그리고 그날 밤, 오랫동안 잊고 지냈던 장면이 불현듯 떠올랐다.

몇 해 전, 지인의 딸 결혼식. 장소는 서울 시내의 고급 호텔. 도시 속 자연을 닮은, 실내 정원처럼 꾸며진 멋진 결혼식장이었다.

생화 향기가 짙었고, 피아노 선율은 낮게 깔렸으며, 사람들의 얼굴에는 축복이 가득했다. 신부 측 하객석에 앉아 있던 나는 몽환적인 분위기에 조금 넋이 나간 채, 그날의 하이라이트를 기다리고 있었다.

양가 어머니들이 촛불을 들고 무대 앞으로 나아가고, 마침내 신랑 신부가 등장하기 직전이었다. 바로 그때였다.

“쨍그랑—!”

정확히는 유리병이 깨지는 소리. 순간, 정적이 식장을 삼켰다. 뒤를 돌아보니, 신부 측 하객석 뒤편에서 어떤 여인이 안고 있던 갓난아기가 손에 쥔 유리병을 바닥에 내던진 것이었다.

그 아기는 말도 못하는 나이였지만, 나는 그 눈을 또렷이 보았다. 아기의 눈은 마치 오랜 기억을 간직한 사람처럼 깊고 성숙했다. 그 눈빛은 무언가를 말하고 있었다. 그리고 그 순간, 나는 알 수 없는 냉기에 휩싸였다. 산산조각난 유리 파편이 대리석 바닥 위에서 조명을 받아 반짝였고, 그 장면은 내 머릿속에 그대로 새겨졌다.

그런데 기묘하게도, 그 사건을 기억하는 사람은 나뿐이었다. 며칠 후, 지인에게 조심스레 물었지만 그녀는 그런 일이 없었다고 했다. 촬영된 영상에도 그런 장면은 없었다고 했다. 누구도, 아무도 본 적이 없다는 그 장면은 지금까지도 나만의 기억으로 남아 있다.

그리고 최근, 그 결혼식의 주인공이었던 지인의 딸 역시 아이 문제로 고통받고 있다는 소식을 들었다. 그날 아기의 눈빛, 유리병, 깨진 조각들… 그리고 오늘 T의 상담. 그 모든 것이 한 줄기 흐름처럼 연결되어 있는 듯한 느낌을 지울 수가 없었다.

혹시 그날의 아기는, 어딘가 태어나지 못한 채 기다리고 있는 생명이 아니었을까? 그 유리병은, 단지 물체로서의 유리병이 아니라 삶과 생명 사이를 가로막은 보이지 않는 벽은 아니었을까?

요즘 들어 나는 자주 이런 생각을 한다. 삶에는 분명 눈에 보이지 않는 흐름이 존재하고, 그 흐름은 때로 설명할 수 없는 방식으로 우리에게 말을 걸어온다. 꿈처럼, 기억처럼, 직감처럼.

그래서 나는 오늘도 누군가의 말을 귀 기울여 듣는다. 눈에 보이지 않는 유리병에 갇힌 생명을 꺼내는 일이 나의 작은 역할이라 믿으며. 그녀가, 그리고 모든 이들이 자신의 삶 속에 있는 보이지 않는 유리병을 슬며시, 하지만 단단하게 깨뜨리기를.

올해가 가기 전, 그녀의 목소리로 "아기가 생겼어요"라는 소식을 들을 수 있기를. 그 안에서 움트고 있던 생명이 마침내 이 세상으로 나올 수 있기를, 간절히 기도드린다.

그녀에게 온 우주의 대답

내게는 오래된 인연 하나가 있다. 강산이 두세 번은 변했을 시간이 흘렀건만, 여전히 그녀는 나에게 포근한 언니 같고, 마음이 시릴 땐 이불처럼 덮고 싶은 존재다.

비 오는 밤이면, 빗소리를 안주 삼아 밤새 술잔을 기울이고 싶은 그런 사람. 말수가 많지 않지만, 마음이 가라앉을 때면 가장 먼저 떠오르는 이름.

그녀는 늘 한결같은 사람이다. 단 한 번도 내게 화를 낸 적이 없다. 감정이 벼랑 끝까지 몰릴 때조차도, 그녀가 표현하는 유일한 말은 늘 "왜 그래요오"이다.

말끝을 길게 늘이는 그 한마디 속에는, 안타까움도 서운함도 조심스러운 위로도 함께 담겨 있다. 그 말을 들으면 나는 단박에 알아차린다.

'아, 이 사람이 지금 많이 힘들구나.'

그마저도 일평생 손에 꼽을 만큼 드물게 들려오는 말이다. 그녀는 조용한 사람이고, 어지간한 슬픔도 꾹 눌러 안고 가는 사람이다.

나는 비가 오면 비가 온다고, 꽃이 지면 꽃이 진다고, 바람이 불면 바람이 분다고 울먹이며 그녀에게 전화를 걸던 사람이다. 언제나 감정을 주체하지 못해 핸드폰 너머에서 목이 메이곤 했다. 그럴 때마다 그녀는 늘 똑같은 한 마디로 받아주었다.

"어떡해요오"

이 또한 길게 늘어지는 말. 그 안에는 다정함과 체념과 막막함까지 담겨 있었다.

그녀는 내가 병이 나면 무슨 수를 써서라도 고쳐주겠다고 호언장담하던 사람이었다. 정말로 그렇게 믿게 만드는 사람이기도 했다.

햇살이 따가웠던 어느 날, 그녀에게서 조심스러운 연락이 왔다. 그녀의 하나뿐인 남동생이 위암 판정을 받았다는 것이다. 이미 특이한 혈액암을 오래 앓아온 사람인데, 이번엔 식사도 못하고 매일 술로 아픈 속을 마비시키며 살아가고 있다고 했다. 의사는 회복이 어려울 수도 있다고 말했다.

“혹시… 동생 사주 좀 봐줄 수 있을까?”

그녀의 목소리에는 망설임과 간절함이 함께 묻어 있었다. 나는 생년월일시를 받아들고, 오래된 기억의 복도에 들어섰다.

서른 즈음, 세상에 두려울 것이 없던 시절. 그 시절 그녀의 곁엔 항상 밝고 단정한 청년이 있었다. 그녀의 남동생. 지적이면서도 따뜻한 사람이었다. 지금도 모 호텔의 CEO 자리를 지키고 있는, 책임감 있고 유능한 인물. 그랬기에 더 아까웠다. 이토록 번듯하게 살아온 사람이 삶의 막바지에 발을 들였다는 사실이.

사주를 펼치자마자 강렬한 기운이 몸을 뚫고 들어왔다. 어디선가 반복적인 말이 울리는 듯했다.

“헐… 살았네… 살았어.”

그 순간 나는 직감했다. 이 사람, 아직 살아 있다. 이미 인생의 가장 가파른 고비는 넘어섰고, 앞으로 20년의 왕성한 대운이 기다리고 있었다. 운세를 따라가 보니, 지금 그가 운영하는 호텔조차도 운의 흐름과 일치하는 바닷가에 자리하고 있었다.

이쯤 되면 우연이 아니었다. 삶이 여전히 그를 부르고 있는 것이다. 다만, 그의 사주는 한 가지 중요한 특징을 갖고 있었다. 무엇이든 크게 벌이기보다 조심스럽게 다듬어야 하는 사람. 돌다리도 두드려 건너야 하고 자신의 페이스대로 움직여야 하는 사주였다. 화려함에 이끌려 삶의 균형을 잃으면 건강과 재물 모두 무너질 수 있는 길. 그런 사주의 사람이, 너무 오래 몸을 혹사하며 무리해온 것이다.

그리고 그의 인생은 지금 여섯 번째 대운의 초입에 서 있었다. 삶의 큰 물줄기가 방향을 바꾸는 지점. 방식을 바꾸지 않으면 운이 강제로 삶을 바꿔버리는 시기. 나는 그녀에게 전화를 걸었다.

"동생 분은 아직 운이 많이 남아 있어요. 지금이 진짜 중요한 기로입니다. 절대 생을 포기하면 안 돼요. 꼭 수술을 받으라고 전해주세요."

그리고 그녀의 부탁으로 동생에게도 장문의 메시지를 보냈다.

"동생이 몸이 안 좋아서 누나가 많이 걱정하고 있어요. 사주를 살펴보니 내년부터 대운이 바뀌더군요. 이미 인생의 큰 고비는 넘기셨습니다. 올해만 잘 버티시면, 앞으로 20년은 정말 좋은 흐름이에요. 기운 내시고, 남은 삶을 누리셔야 합니다. 동생은 너무 아까운 사주예요. 부디, 희망을 놓지 마세요."

그는 내게 따로 답을 주지 않았지만, 그녀에게서 곧 소식이 전해졌다. 동생이 드디어 수술을 받기로 결정했다는 것이다. 나는 그 길로 가장 가까운 월운과 일운을 살펴 수술 날짜를

골라주었다.

수술을 이틀 앞둔 토요일 저녁, 약천사의 원주보살로부터 전화가 걸려왔다.

"내일 49재예요. 꼭 나오셔야 해요."

"셋째 주라고 하지 않으셨어요?"

"아니요. 내일이에요. 그렇게 정해졌어요."

원래는 다른 계획이 있었지만, 나는 운명처럼 그날 아침 절로 향했다. 지장전 법당엔 스님과 나, 단둘뿐이었다. 바람 한 점 없이 고요한 그 공간에서 나는 온몸으로 절을 올렸다. 기도를 드릴 때마다, 온몸이 떨리듯 무너졌다가 다시 일어섰다. 삶과 죽음의 경계가, 내 기도 안에서 스르륵 녹아내리는 것 같았다. 돌아올 땐 다리가 풀려 제대로 걷기조차 힘들었지만 이상하게도 마음은 한없이 가벼웠다. 다음 날 저녁, 그녀에게서 문자가 왔다.

"수술 잘 끝났어요. 위의 절반을 절제했는데, 동생이 벌써 혼자 걷고 있어요. 의사 선생님도 이렇게 회복이 빠른 환자는 처음이라고 하시네요. 그리고… 동생이 이런 말을 했어요."

"이제 남은 인생은 누나랑 함께 행복하게 살고 싶어요."

나는 핸드폰을 들고 한참을 울었다.

사람의 목숨이란 단 하나의 의지로 움직이지 않는다. 그녀의 간절함, 나의 기도, 동생의 마지막 결심, 그리고 그 모든 것 위에 겹겹이 쌓인 보이지 않는 어떤 흐름. 그 모든 것이 한 생명을 다시 삶으로 데려온 것이다.

사주는 단지 그 길을 보여주는 지도 중 하나일 뿐이다. 나는 그 지도를 따라가면서, 절에서 부처님 앞에, 나의 온 존재를 담아 기도를 올렸을 뿐이다.

그리고 이제는 믿는다. 이 길을 걷는다는 건 결국, 무형의 '느껴지는 힘'을 신뢰하는 일이라는 것을. 그 힘은 때로 죽어가는 생명에도 따뜻한 온기를 불어넣을 수 있다는 것을.

풀잎 위를 걷는 자

J시에서 자영업을 하고 있는 김사장에게 연락이 왔다. 엊그제 오픈식 날짜를 잡아준 G회장이 오픈식 전에 나를 꼭 한번 만나고 싶다는 것이었다. 쉽게 오갈 수 있는 거리가 아니기도 하고 이미 선약도 잡혀 있었기에 전화로 상담을 해도 되겠느냐고 물었지만 김사장은 "너무 간절한 부탁"이라며 가능하면 시간을 내달라고 조심스레 말했다. 나는 결국 예정된 약속들을 조율하고 J시행 KTX 첫차를 예매했다. 사람들로 붐비는 주말이라 첫차 외에는 자리가 없었다.

그날 새벽, 아직 어둠이 걷히지 않은 기찻길 위로 가을비가 추적추적 내리고 있었다. 어슴푸레한 역사의 벤치에 앉아 기차를 기다리며 나는 이상하게도 무언가 보이지 않는 힘이 나를 어디론가 이끌고 있다는 느낌을 받았다.

'나는 지금 이 길을 왜 가고 있는 걸까요? 지금 함께 가고 계신 거죠?'

나도 모르게 확인이라도 하듯이 마음속으로 중얼거렸다. 대답 없는 고요가 오히려 대답처럼 느껴졌다.

J시에 도착했을 때, 비는 어느새 그치고 아침 해가 높이 떠올라 있었다. 먼저 김사장을 만나 근처 카페로 갔다. 생강차를 마시며 대화를 나누고 있는데 핸드폰이 울렸다. 서울에 사는 절친한 도반 O였다. 우리 집에 잠깐 들를 일이 생겼다며 연락을 한 것이었다. 출장으로 지방에 와 있다고 하자, O는 추석을 앞두고 몇 가지 챙겨온 걸 두고 가겠다며 남편이 집에 있으면 전해달라고 했다.

그런데 잠시 후, 다급하고 떨리는 목소리로 다시 전화가 왔다.

"언니… 절에 잠깐 들렀다 언니 집으로 가는 중인데요, 차 앞 유리창에 무슨… 너무 큰 귀뚜라미 같은 게 앉아 있어요. 차가 달리면 떨어질 것 같아서… 어떡하죠?"

나는 잠시 웃음이 났다. O는 작은 벌레 하나에도 소스라치며 무서워하는 사람인데 대낮에 웬 귀뚜라미란 말인가. 떨어지면 다칠 수 있으니 조심조심 운전해서 우리 집까지 가고 남편한테 부탁해서 정원 화단에 놓아주면 된다고 말해주었다.

그런데 잠시 후 남편에게서 온 전화는 나를 얼어붙게 만들었다.

"그거 귀뚜라미 아니야. 왕사마귀야!"

그 소릴 듣자 순간 O의 울먹임이 이해됐다. 작은 벌레도 못 만지는 사람인데 눈앞에 커다란 사마귀가 떡하니 앉아있었다니.

불현듯 전율처럼 떠오른 기억. 바로 어제, 절에서의 일이 떠올랐다. 절 주차장 근처에서 누군가와 통화를 하고 있는데, 주변 사람들이 동시에 "꺄악!" 하고 소리를 질렀다. 무슨 일인가 싶어 고개를 돌리니 사람들이 내 발등을 가리키고 있었다. 내려다보니 풀잎처럼 생긴 커다란 왕사마귀 한 마리가 살며시 내 발등에 올라와 있었다. 보드라운 풀잎인 줄 알고 무심했던 내 무지함과 사람들의 비명소리가 너무 대조적이어서 웃음이 났다. 한 보살님이 급히 달려와 종이에 사마귀를 싸서 풀밭에 놓아주며 나를 안심시켰다.

'그 사마귀가… 설마?'

머릿속에서 조금 전에 들은 왕사마귀와 어제 절에서 만난 사마귀가 겹쳐졌다. 정말 그 사마귀가 우리 집까지 따라온 걸까? 단순한 우연으로 보기엔 너무도 정확하게 선을 잇는 순간들이었다.

그런데 거기서 끝이 아니었다. 조금 전 집에 다녀간 O에게서 또 전화가 왔다. 이번에는 놀라움과 기쁨이 섞인 목소리였다.

"언니! 기막힌 소식이 있어요. 며칠 전 내놨던 오피스텔… 방금 계약됐어요!"

"엥? 벌써?"

며칠 전, O가 걱정스레 오피스텔이 언제쯤 나가겠느냐고 물었고 나는 "이번 달 안엔 계약 될 거야, 걱정 말고 기다려!"라며 달랜 적이 있었다. 그런데 정말 그렇게 된 것이다. O는 웃으며 말했다.

"이러니 화장실 가는 것도 언니한테 물어보고 가야죠."

O의 실없는 농담에 나는 어제 절에서의 사마귀 이야기를 꺼냈다. O는 나보다 더 진지하게 받아들였다.

"아마 그 사마귀가 언니네 집에 살고 싶었나봐요. 결국 내가 데려다 준 거네요."

그 말에 나도 모르게 코끝이 찡해졌다. 그렇게 말하면 정말 그런 것 같았다. 미물 하나가 날아가지 않고 차량 위에 몸을 맡긴 채 먼 길을 따라온다는 건 무모하리만치 용기 있는 일이었다. 그 용기가 '계약'이라는 좋은 소식을 안고 우리 집 앞에 도착한 것이다.

왕사마귀는 단지 곤충이 아니라 무언가 신비로운 전령처럼 느껴졌다. 풀잎같은 그 존재가 보여준 태도는 내게 큰 울림으로 다가왔다. 어떤 상황이든 두려움을 이기고 자리를 지킨다는 것, 그건 인간에게도 결코 쉬운 일이 아니다.

J시에서 처음 만난 G회장도 어딘가 그 사마귀를 닮아 있었다. 강단 있는 성품 안에 따뜻하고 여린 마음이 동시에 숨겨져 있었다. 건설 사업을 밀어붙일 땐 단단했지만 사람들을 대할 땐 풀잎처럼 유연했다. 큰 일과 작은 일을 구별할 줄 아는 사람, 급한 일보다 중요한 일을 먼저 보는 사람. 마치 여린 풀잎 속에 숨은 또 다른 왕사마귀 같았다.

나는 G회장의 사주를 정성껏 살펴주었다. 운의 흐름은 때로 파도를 타는 듯 요동치지만 흐름을 알고 있으면 그 안에서 균형을 잡을 수 있다. 강회장은 조용히, 깊은 눈빛으로 내 말을 경청했다.

집으로 돌아오는 길, 나는 흐릿하게 비친 유리창 속 내 얼굴을 바라보았다. 그 속에 가느다란 풀잎 위를 걷는 작은 생명이 어렴풋이 겹쳐졌다. 두려워도 앞으로 나아가는 것. 그 자체로 이미 기적 같은 일이다.

보이지 않는 인연이 우리를 움직이고 때론 사마귀 한 마리조차도 누군가의 삶에 물결을 일으킨다. 풀잎같이 여린 미물이 달리는 차 위에 올라선 용기. 그것이 어쩌면 지금 나와 당신에게 가장 필요한 태도일지 모른다.

밤의 숨결, 갈색의 시간

사계절은 누구에게나 공평하게 찾아온다. 그러나 인생의 사계절은 같은 리듬을 따르지 않는다. 어떤 이는 서른 즈음에 봄을 맞고, 어떤 이는 칠십의 나이에 여름을 거둔다. 마치 태어난 순간부터 하늘이 저마다의 시간을 속삭여 준 듯, 사람마다 고유한 계절을 살아간다.

내게 봄은 사십 중반에 찾아왔다. 삼십 년 가까운 겨울을 건너온 끝이었다. 낯설었으나 두렵지 않은 봄, 얼어붙은 땅을 뚫고 오르는 새싹처럼 내 삶의 한 구석이 조심스레 열리고 있었다.

그 무렵 나는 십 년 넘게 쌓아온 일들을 하나씩 정리했다. 가장 가까운 인연이라 믿었던 관계는 사실 덫이었고 예기치 못한 순간마다 발목을 잡았다. 빛나던 계획은 모래성처럼 무너졌다. 직원들을 떠나보내고 홍대 앞 작은 오피스텔에 홀로 남아 하루를 버텼다. 매일이 낯선 전쟁 같았고 그 속에서 나는 두 손을 모아 스스로에게 중얼거리곤 했다.

'조금만 더 견디자. 내일은 오늘보다 덜 추울지도 몰라.'

희망은 보이지 않았지만 마음 한구석에는 늘 다른 이의 그림자가 어른거렸다. 이름 없는 약자들, 불확실한 내일에 흔들리는 존재들. 그들을 향한 막연한 연민이 내 삶의 가장자리마다 작은 불빛처럼 매달려 있었다.

아직 새벽이 가시지 않은 시간, 부엌 창문을 열고 본능처럼 북쪽 뒷산을 올려다본다. 어둠 속에서 서서히 드러나는 산등성이는 마치 밤의 마지막 숨결을 토해내는 듯했다. 빛도 소리도 닿지 않는 그곳에서 오래된 기척 같은 것이 나를 감싼다. 매일 바라보는 산이지만 풍경은 결코 같지 않다. 어떤 날은 안개처럼 또 어떤 날은 먹물 번진 종이처럼 젖어 있다.

그 기억들은 산 위에서 나무가 되어 서 있다. 하나는 굵고 무성하고 다른 하나는 여리고 갸름하다. 시간이 흐르며 나는 믿게 되었다. 내가 그들을 바라보는 것이 아니라 오래전부터 그들이 나를 지켜보고 있었다는 것을. 그들은 내게서 떠난 존재들이고 그들을 품은 것은 흙도 바람도 아닌 '시간'이었다. 오래된 사진의 갈색, 누군가의 체온을 머금은 듯한 종이의 빛깔. 그 색은 내 삶 속으로 흘러들어와 어느새 내 심장의 일부가 되었다.

그해 여름은 유난히 더웠다. 끓어오르는 서울의 밤공기는 숨이 막힐 정도였다. 예술고등학교에 들어가 기숙사 생활을 시작했던 S가 마침 여름 방학이 되어 내게로 왔다. 며칠의 짧은 동행은 내게도 귀한 시간이 되었다. 자정을 넘긴 어느 날 밤, 우리는 시원한 음료수를 사러 편의점으로 향했다. 도로 건너편, 주먹만 한 새까만 강아지가 휴지통 속에 고개를 파묻고 무언가를 뒤지고 있었다. 그 옆에 서 있던 하얀 개는 우리가 다가서자 말없이 등을 돌려 떠났다. 마치 맡은 바를 다 한 듯이. 남은 것은 작은 강아지 하나뿐이었다.

우리는 그 아이를 따라 골목 안으로 들어갔다. 초록 철문 앞에 멈춰 선 강아지를 향해 내가 말했다.

"여기가 네 집이니? 어서 들어가렴."

하지만 돌아서던 순간, 작은 강아지는 다시 우리를 졸졸 따라왔다. 인연은 그렇게 아무런 예고도 없이 다가왔다.

S는 망설임도 없이 강아지를 품에 안았다. 그 순간, 우리는 이미 되돌아올 수 없는 다리를 건넜음을 알았다. 편의점도 더위도 모든 일상의 목적은 사라졌다. 작은 오피스텔 소파 위에 강아지를 눕히고 밤새 숨을 죽여 지켜보았다.

'가늘게 떨리는 가슴이 멈추지 않기를… 작은 숨결이 꺼지

지 않기를….'

그 밤은 끝없이 길었고 나는 낯선 기도의 세계에 들어가 있는 듯했다.

다음 날 아침, 동물병원에서 수의사가 장난스럽게 물었다.

"어린 강아지 눈빛이 왜 이렇게 퇴폐적이죠?"

그 말은 웃음이 되지 못했다. 그 갈색 눈빛은 이미 세상의 무게를 짊어진 듯 흐릿하고 깊었다.

정오 무렵, 오피스텔로 돌아왔을 때 복도는 연기로 가득 차 있었다. 주방에는 까맣게 탄 주전자와 꺼지지 않은 불, 피어오르는 연기. 조금만 늦었더라면 모든 것이 잿더미가 됐을 것이다. 강아지가 우리를 구한 것인지 우리가 강아지를 구한 것인지 나는 아직도 알 수 없다. 그날 이후, 우리는 서로의 운명이 되었다.

S는 학교로 돌아갔고 나는 작은 생명 하나와 여름을 견뎠다. 그리고 이듬해 더 작은 강아지가 내게로 왔다. 오피스텔에 따뜻한 숨결이 두 개가 되었다. 두 생명은 형제처럼 서로를 의지했고 나는 그 곁에서 처음으로 '가족'이라는 단어의 문을 활짝 열 수 있었다.

사업은 내 성정과 맞지 않았다. 누군가는 져야만 내가 이기는 세계에서 나는 기꺼이 지는 쪽을 택했다. 그래서 늘 버거웠다. 그러나 두 마리의 갈색 온기가 내 곁에 있어 끝내 무너지지 않을 수 있었다. 눈이 오나 비가 오나 나는 한 손엔 큰 개의 줄을, 다른 팔엔 작은 개를 안고 걸었다. 매일의 발걸음은 투쟁 같기도 했고 동시에 숙연한 기도 같았다.

그러던 어느 날, 낯선 그림자가 찾아왔다. 대문 앞 텃밭에 죽어 있는 낯선 개 한 마리. 며칠 뒤 허공에서 툭 떨어진 새 두 마리. 그리고 그 다음 날 또 다른 새 두 마리가 잔디 위에 차갑게 누워 있었다. 설명할 수 없는 반복된 우연이 나를 흔들었다.

얼마 뒤, 먹고남은 음식을 큰 개가 몰래 먹었다. 다음 날 동물병원을 다녀온 후, 그는 내 팔베개 위에서 자는 듯이 세상을 떠났다. 숨소리조차 없이 몸속의 모든 물기를 비워 낸 채 눈을 감았다. 의사의 한마디가 내 심장을 겨눴다.

“이 아이가 선생님 대신 죽은 겁니다.”

그 말은 황망했지만 이상하리만치 받아들여졌다. 내 인생의 봄은 그렇게 낯설고 이질적이었다. 누군가의 시간이 내 삶에 스며들고, 대신 떠나간 존재들이 남겨둔 빈자리. 결국 두 생명은 연달아 내 곁을 떠났다. 여린 존재들이 막막한 내 품에 안긴 지 십여 년의 세월이 훌쩍 흐른 뒤였다. 나는 울면서 그들을 화장해 산에 묻었다.

손길 닿지 않는 곳에 그들을 놓아두었지만 새벽이 오면 다시 만날 수 있다. 부엌 창을 열어 산을 바라보면 큰 나무 하나와 작은 나무 하나가 늘 서 있다. 그것은 단순한 나무가 아니다. 그 안에는 두 마리 갈색 눈동자의 온기가 깃들어 있다.

갈색은 추억의 색이다. 한때 살아 있었으나 이제는 만질 수 없는 것들의 색. 눈물보다 따뜻하고 이별보다 깊은 감정이 내 안에서 자라나고 있다.

새벽 공기가 부엌으로 스며들 때 산을 가로질러 오는 숨결이 속삭인다.

"괜찮아, 여기 있어."

누구에게나 자기만의 계절이 있다. 삼십 년 동안의 내 봄은 고목의 나이테처럼 겹겹이 쌓였고, 지금은 눈부신 여름이지만 나는 여전히 갈색의 시간 속에 오래 머물고 있다. 그것은 아득히 먼 별들이 미리 속삭여 놓은 나만의 리듬일지도 모른다. 어떤 계절이든 그 안에서 숨 쉬고 사랑하며 견디는 일은 내 몫이다. 낮과 밤이 바뀌고 세월이 흘러도 갈색의 시간은 내 가슴 깊은 곳에서 여전히 빛나고 있다.

바람이 데려온 사람

바람은 스쳐가지만 그 흔적은 사라지지 않는다. 어느 계절의 들판에서 만난 한 사람의 숨결이 지금도 내 안에서 흔들린다. 그녀는 머물지 못했으나 바람의 기억으로 영원히 남았다.

그해 여름, 들판은 햇살보다 더 깊은 색으로 물들어 있었다. 바람이 스치면 꽃잎마다 기억이 흔들렸고, 그 기억 속에서 그녀가 다시 피어났다.

여름 내내 홍염으로 들판을 물들이던 작은 들꽃들은 가을 찬바람에 하나둘 스러져갔다.

보랏빛 나팔꽃과 노란 달맞이꽃도 꽃잎을 가지런히 오므리고 있었다. 이제 들판은 황금빛 물결로 가득했으나, 그녀가 떠난 자리만큼은 하늘보다 더 큰 빈터로 남아 있었다. 마치 끝없이 흐르는 공기 속을 홀로 걸어가는 기분이었다. L은 장맛비처럼 들판을 적시다가, 가을이 오기도 전에 따라갈 수 없는 먼 곳으로 흩날려 갔다.

그녀는 보랏빛 나팔꽃을 사랑했다. 보라와 남색 사이, 설명할 수 없는 빛깔이 사람을 미치게 한다고 했다. 나는 노란 달맞이꽃을 좋아했다. 이슬에 젖은 꽃잎에서 흘러나오는 향기를 맡으며 정신을 잃곤 했다. 실제로 그녀는 그 진한 꽃잎과 닮아 있었다. 활짝 열어 품을 내어주다가도, 어느 순간 일정한 선 너머는 허락하지 않는 절제의 기품이 있었다. 값비싼 장식품이나 화려한 소유에는 눈길조차 주지 않았지만, 길가의 꽃들이 이슬을 머금고 피어나는 순간을 두 손 모아 사진에 담곤 했다. 그녀에게 사진은 사소한 것들의 영원을 붙드는 방식이었다.

나는 그 순간마다 그녀의 눈빛이 투명하게 맑아지는 것을 보았다. 사소한 것들의 빛을 길어 올리는 사람, 바람처럼 스치며 흔적을 남기는 사람. 그녀의 손끝은 언제나 세상을 쓰다듬듯 움직였다. 흙 위에 내려앉은 햇살, 풀잎에서 부서지는 이슬방울, 개나 고양이, 새들이 내지르는 맑은 울음까지 그녀는 사진 속에 오래 붙들었다. 그 모습은 내게 하나의 기도처럼 보였다.

긴 겨울이 끝나고 짧은 봄과 여름이 막 교차되던 어느 날이었다. 화단의 여린 모종들이 뿌리를 내리며 서서히 제 자리를 찾고 있었다. 집을 나서면 곧바로 광활한 들판이 펼쳐졌다. 새벽마다 안개와 바람이 흐르고, 그 길 위로 내 발자국 소리와 개의 발걸음이 겹쳤다. 그날도 안개가 흩어지던 순간, 바람의 결을 타고 다가오는 기척이 있었다. 오래전부터 예정된 만남이 현실로 모습을 드러내듯, 그녀가 나타났다.

"어머, 둘이 똑같네요!"

가늘게 흘러나온 목소리에 고개를 들자, 내 개와 꼭 닮은 개를 데리고 서 있는 L이 보였다. 안개 사이에서 걸어 나온 그녀는 바람이 데려온 사람 같았다. 그녀의 개 이름은 해피, 내 개는 가미였다. 일본에서 건너왔다는 그녀는 '가미'가 신神을 뜻한다고 덧붙였다. 두 마리 보더콜리는 거울처럼 닮아 있었고, 우리도 그렇게 나란히 걸음을 옮기며 이야기를 나누었다.

산책길이 끝날 무렵, L은 상추가 필요하냐고 물었다. 텃밭에 씨를 뿌렸는데 너무 자라 솎아내야 한다는 것이었다. 초면이었지만 이상한 친밀감에 이끌려 나는 그녀의 집으로 향했다. 돌아보면, 그것은 바람의 손길이었다. 그날 아침 그녀가 내민 손길이 아니었다면, 우리는 아마 스쳐가는 인연으로만 남았을 것이다.

다음날, 보리수나무 그늘 아래서 L은 눈물을 쏟았다. 불현듯 터져 나온 울음은 나를 놀라게 했다. 손수건을 건네자 그녀는 어린 시절을 내게 고백했다. 절 문 앞에 버려진 아기를 비구니 스님이 발견해 절에서 어린 시절을 보냈다고 했다. 스무 살 즈음 일본으로 건너가 일본 스님과 결혼해 반세기를 살다가, 작년에 귀국했다는 이야기였다. 칠십 평생의 이야기가 눈물에 실려 내 앞에 흘러내렸다.

그녀의 삶은 보통의 뿌리를 가진 이들과 달랐고, 그래서 더 신비롭게 다가왔다. 누군가에게는 불행처럼 들릴 그 고백이 내겐 오히려 자유롭게 느껴졌다. 뿌리 없이도 자라날 수 있다는 것, 흩날려도 사라지지 않고 끝내 자신만의 길을 만들어낸다는 것. 그녀는 바로 그런 사람이었다.

그 후 우리는 무언가에 이끌리듯 자주 만났다. 새벽이면 들길을 나란히 걸었고, 해질녘이면 편의점 앞에서 연꽃을 바라보며 커피를 나누었다. 해피와 가미에게 간식을 건네며 그녀는 "이 시간이 참 행복하다"고 했다. 그녀는 커피 한 잔에도 촉촉한 눈망울을 반짝였고, 개들이 꼬리를 흔들며 달려오면 세상의 보물을 얻은 듯 기뻐했다. 나는 그 단순한 행복의 풍경에서 오히려 큰 울림을 받았다. 세속이 요구하는 부나 명예에는 무심했지만, 바람이 스치는 꽃잎과 작은 생명의 장난기에 온 마음을 기울이는 모습. 그것은 오래도록 배워야 할 삶의 태도였다.

어느 날, 그녀는 내게 사주를 봐 달라고 조심스레 말했다. 별자리를 들여다보듯, 나는 그녀의 삶이 그려진 낯선 지도를 펼쳐 보았다. 거기에는 부모 형제의 자리라 불릴 별이 비어 있었고, 대신 손끝을 따라 흘러내린 빛깔이 유난히 선명했다. 먼 바다를 건너야 하는 운명의 선도 또렷했다. 어린 시절의 공백, 낯선 나라의 인연, 그리고 다시 바람처럼 돌아와야 하는 길. 모든 것이 하나의 문장처럼 그녀의 삶을 적어내고 있었다. 그때 나는 깨달았다. 그녀는 땅에 뿌리내리지 못한 사람이 아니라, 바람 속에서 길을 찾는 사람이었음을.

어느 날은 그녀의 집에 들러 한낮을 보냈다. 잔디밭 마당의 나무 데크에 나란히 앉아 차를 마시며, 지나온 시간과 다가올 계절을 이야기했다. 그녀는 바람이 불 때마다 자신이 어디론가 떠밀려가는 기분이 든다고 했다. 그러면서도 "바람은 늘 제 길을 찾아가잖아요."라며 웃었다. 그 웃음은 들꽃 사이에서 피어오르는 바람결 같았다.

그러나 바람은 머무르지 못한다. 어느 날, 그녀는 일본으로 돌아가야 한다고 했다. 함께 온 스님이 언어의 벽 속에서 지쳐가고 있다는 것이었다. 무너져 내리는 심정으로 나는 이별을 준비했다. 장맛비가 억수같이 쏟아지던 날, 마지막 추억을 새기려 그녀와 스님, 해피를 집으로 초대했다. Y도 그날 음식을 바리바리 챙겨 와 함께 자리를 나눴다. Y는 늘 그랬다. 우리가 모이면 그림자처럼 곁을 지켰고, 음식과 웃음을 더해주었다. 부엌에서는 김이 피어올랐고, 거실에서는 숱한 이야기들이 오갔다. 스님은 '明鏡止水'라는 글귀를 건네며 '고요한 마음'을 이야기했다. 두 분은 맑은 거울과 잔잔한 물결처럼 앉아 있었고, 해피는 가미와 함께 바닥을 지켰다. Y의 웃음소리, 빗소리, 창문을 스치던 바람까지, 모든 것이 그날의 추억을 엮어주고 있었다. 하지만 그 순간조차 바람은 이미 이별을 예고하고 있었다.

가을이 오자 나는 다시 홀로 들판을 걸었다. 바람이 부는 아침이면 그 빈자리는 하늘보다 크고 깊었다. 들판은 여전히 기억을 간직하고 있었다. 우리가 서로의 이름을 붙여준 보랏빛 나팔꽃과 노란 달맞이꽃이 남아 있었다. 꽃들은 바람에 흔들리며 여름의 기억을 매달고, 저 멀리 바다 건너 그녀를 그리고 있었다.

바람은 눈에 보이지 않지만 언제나 흔적을 남긴다. L의 사주 속 낯선 문장들처럼, 그녀와 함께한 날들도 그렇게 내 안에서 흔들리고 있다. 들꽃의 숨결 따라 피어났던 모든 순간들이 지금도 바람의 기억으로 남아, 계절마다 내 곁을 스쳐 지나간다.

나는 여전히 들판을 걷는다. 바람은 계절마다 결을 달리하며 내 곁을 스쳐가지만, 그 안에는 언제나 그녀의 온기가 섞여 있다. 이름 없이 피었다 지는 들꽃들 사이로, 문득 그녀의 웃음이 스며드는 순간이 있다. 그것은 꿈속에서 다시 만나는 기억처럼 아득하고 또렷하다. 바람은 한때의 사람을 데려오고, 그 사람은 다시 바람이 되어 흩어진다. 머물지 못했기에 더 오래 남는 것들이 있다. 그렇게 나는 오늘도 바람의 길 위에서, 언젠가 다시 불어올 그녀의 계절을 기다린다.

안개의 뜰에 피는 사람

밤새 내린 비가 마당의 흙을 적시고 보리수 잎마다 투명한 이슬이 매달려 있었다. 새벽 안개가 아직 걷히지 않은 시간, 나는 길을 나섰다. 방수 코트를 머리끝까지 뒤집어쓰고 어둠이 남은 길을 천천히 걸었다. 보리수나무 앞을 지나 좁은 농로로 접어들었다. 나는 그 길을 '뱀사골'이라 부른다. 여름이면 뱀이 길 위에 몸을 던지듯 누워 있곤 했고 사람의 발길이 드물어 언제나 고요했다.

가을비는 안개처럼 내려앉았다. 비와 안개가 맞닿아 스며드는 사이, 들판 저편에서 누군가 손짓하는 듯했다. 나는 그 부름을 외면할 수 없었다. 걸음을 옮길수록 안개는 더 짙어졌고 빗줄기가 점점 굵어지자 마음속 깊은 곳에서 묻혀 있던 온기가 서서히 번져왔다. 발끝으로 흙의 감촉이 전해지고 그 냄새가 오래된 기억을 흔들었다. 살아 있는 것은 다 이렇게 젖어야 피어난다는 생각이 스쳤다. 집으로 돌아와 젖은 코트를 걸어둘 무렵, H에게서 연락이 왔다.

"지금 가는 중이에요."

짧은 문장이었지만 묘한 온기가 느껴졌다. H는 언제나 그랬다. 생각보다 행동이 먼저였고, 말보다 손이 빨랐다. 우리는 산 하나를 사이에 두고 살았다. 나는 산의 뒤쪽, 그녀는 앞쪽. 산 하나뿐인 거리였지만 그 산은 언제나 두 세계처럼 느껴졌다. 나는 글을 쓰며 고요히 지내는 사람이고 그녀는 세상을 돌보며 바삐 움직이는 사람이다.

우리가 처음 만난 곳은 약천사였다. 이십 년 넘게 봉사를 이어온 그녀는 언제나 그 자리에 있었다. 절의 먼지를 닦고 법당의 마루를 닦고 사람의 마음을 닦는 일까지 묵묵히 해내는 사람이었다.

잠시 후, 마당에 차 한 대가 들어섰다. H는 양팔보다 큰 국화 화분을 들고 있었다. 빗속에서 붉은 꽃과 노란 꽃이 흔들리고 있었다.

"가을이니까요. 마당이 조금 외로워 보여서…."

그녀는 말하자마자 계단을 성큼 올라갔다. 붉은 국화 화분을 항아리 옆에 내려놓고 다른 화분의 잡초를 마구 뽑기 시작했다.

"앗, 안 돼요. 그냥 두세요!"

내 목소리가 빗속에 번졌다. 그러나 H는 멈추지 않았다. 흙 속으로 손을 깊이 밀어 넣으며 무언가를 정화하듯 뿌리째 들어 올렸다. 온갖 잡초들이 뽑혀 나가자, 그 자리에 고요히 안개가 내려앉았다.

"내가 얼마나 기다렸는데… 씨 받으려고 여태 기다렸어요."

나는 울먹이며 말했다. 그리고 아침마다 마른 꽃잎을 손끝으로 눌러보던 날들이 떠올랐다. 아직 여물지 않은 씨앗을 만져보며 기다리던 참이었다. 빗방울이 화분 위로 떨어지고, 내 안에서도 오래된 무언가가 뽑혀 나가는 듯했다. 저녁 무렵, 전화로 사주상담을 하고 있을 때 H에게서 문자메시지가 왔다.

"전화 좀 끊어 봐요. 지금 가고 있어요."

미처 다 읽기도 전에 벨이 울렸다. 편의점 앞, 어둠이 내려앉은 테이블에 H가 앉아 있었다. 캔맥주 두 개, 그리고 젖은 얼굴….

"오늘 내가 실수를 한 것 같아요."

그녀가 말했다.

"남의 집에 가서 강아지풀, 달맞이꽃, 달개비꽃… 그런 낭만적인 애들을 다 뽑고 왔잖아요. 허락도 없이…."

나는 그녀를 바라보았다. 손등엔 여전히 흙 자국이 남아 있었다. 그 손이 얼마나 많은 것을 일구어 왔을까, 문득 그런 생각이 들었다.

“좋은 마음으로 한 일인 걸 알아요. 너무 마음 아파하지 마세요.”

내가 말하자 그녀는 고개를 숙였다.

“이 손이… 이제는 좀 쉬어도 되는데 뭔가를 하고 있어야 마음이 놓여요.”

그 말이 바람처럼 스며들었다. 세상을 지탱하는 건 어쩌면 거창한 사람이 아니라 이렇게 묵묵한 사람인지도 모른다. H와 처음 대화를 나눈 건 절의 공양실이었다.

“이거 좀 드세요.”

그녀가 내민 따끈한 인절미 봉지엔 김이 서려 있었다. 그날 이후 절에 갈 때마다 그녀는 늘 미소로 나를 반겼다. 절 어디엔가 언제나 그녀의 발자국이 있었다. 꽃 한 포기에도 정성이 깃든, 성실한 발자국이었다.

얼마 전, 그녀는 내게 사주를 봐달라고 했다. 그녀는 놀라울 만큼 검증된 실력과 능력을 갖춘 사람이었다. 무엇이든 시작하면 끝을 보는 사람, 일을 멈추지 않는 사람. 조직과 체계를 세우며 나날이 발전해 나가는 운이 길게 이어져 있었다.

“이제 곧 운이 크게 열릴 거예요.”

내 말에 그녀는 수줍게 웃었다.

“그럼 더 열심히 해야겠네요. 돈을 벌면 아프리카 아이들한

테 우물을 파줄 거예요."

그 말이 오래 남았다. 호사가들의 입방아에 오르내릴지 모를 그 꿈은 단순했지만 그 단순함이 가장 단단했다.

밤이 깊었다. 마당의 국화 위로 달빛이 내려앉았다. 빗물이 흘러내린 자리마다 새 잎이 돋고 있었다. 잡초가 사라진 화분엔 안개가 내려앉고 그 자리에서 무언가가 숨 쉬기 시작했다. 그녀가 두고 간 국화는 단순한 꽃이 아니었다. 삶의 방식이었고 신념의 모양이었다.

그녀의 손이 다녀간 자리마다 희망이 조용히 피어났다. 어쩌면 희망이란 그런 것일지도 모른다. 누군가의 선한 손끝에서, 묵묵히 흙을 고르고 물을 주고 잡초를 뽑아내는 그 시간 속에서 세상은 조금씩 앞으로 나아간다. 비가 내려도 안개가 덮여도, 그녀의 마음은 꺼지지 않았다. 그 빛으로 우리는 또 하루를 견딘다.

안개의 뜰에 피는 사람

비는 흙을 적시고
흙은 사람의 마음을 적신다

누군가는 오늘도

젖은 손으로 꽃을 옮기고
누군가는 그 꽃에 말을 건다

안개는 그 사이를 흐르며
세상의 슬픔을 덮는다

붉은 국화 한 송이
그 안에 담긴 것은 향기가 아니라
묵묵히 살아낸 날들의 온기였다

살아 있는 건 다 젖어야 피어난다
그걸 알게 된 날,

나는 비에 젖은 들판 한가운데서
한 사람의 미소를 보았다

외딴집, 운명의 발자국

적막과 고요가 서린 외딴집 한 채. 그 이야기는 뜻밖의 자리에서 시작되었다.

얼마 전 상담을 했던 G회장과 차담을 나누던 자리였다. 동석한 G회장 지인의 전화기 너머에서 "내일 예산에 있는 농가주택을 보러 간다"는 말이 흘러나왔다. 순간, 귀가 번쩍 뜨였다.

"예산… 농가주택… 빈집…."

그 몇 마디가 내 마음을 단숨에 사로잡았다. 자세한 내용을 묻자 지인의 장모님이 삼십 년을 살다 세상을 떠나고 집은 지금 빈 채 남아 있다는 것이었다. 대지와 집의 규모, 텃밭과 조경, 매매가까지도 놀랍도록 조건이 맞아떨어졌다. 나는 조급히 부탁했다.

"그 집을 먼저 볼 수 있게 해주세요."

결국 G회장은 일정을 바꿔 주었다.

다음 날, 나는 곧장 춘천의 스승님께 전화를 걸었다. 마침 스승님의 고향이 예산 부근이라 언젠가 그곳에서 귀향의 삶을 꿈꾸고 계셨다.

"지금 당장 가보시지 않겠습니까?"

성급한 마음에 재촉했으나 스승님은 단호히 말씀하셨다.

"아무리 급해도 이틀은 일정을 조율해야 돼요."

그 목소리에는 오래된 돌담 같은 무게가 담겨 있었다. 나는 더 말하지 못했다. 사실 전날 밤, 스승님의 사주를 다시 들여다보았다. 삼십 년간의 도시 생활을 마치고 고향으로 돌아와 글을 쓰고 텃밭을 가꾸며 지내기에 운이 꼭 맞아떨어지고 있었다. 그 생각이 나를 더 간절하게 만들었다. 이 순간을 놓치면 길이 닫혀버릴 것만 같았다.

이틀 후, 우리는 예산으로 향했다. 연일 이어진 출장에 몸은 지쳐 있었지만 조급한 마음은 도무지 나를 집 안에 붙잡아 두지 못했다. 자동차가 달릴수록 마음속에는 불안과 설렘이 뒤섞였다. 정오 무렵 도착한 마을은 언덕 위에 고요히 앉아 들판을 굽어보고 있었다. 늦여름의 풀냄새가 골목마다 남아 있었고 바람은 흙냄새와 바다의 내음을 함께 실어왔다.

ㅁ자 기와집과 낡은 나무대문은 세월의 무게를 묵묵히 견뎌온 듯 단단했다. 대문 옆으로는 오래된 벽돌 담장이 이어져 있었고, 입구에는 과실수와 텃밭이 자리 잡고 있었다. 골목 끝에서 집을 바라보니 마을이 마치 알을 품은 새처럼 집을 감싸고 있었다. 그 풍경은 스승님의 사주와 꼭 맞아떨어지는 듯했다.

하지만 스승님은 조용히 고개를 저었다. 모든 조건이 맞았지만 마을 한가운데 있다는 점이 마음에 걸렸다. 오래도록 바래온 것은 사람의 기척이 거의 닿지 않는 고요한 외딴집. 억지로 설득할 수는 없었다. 그때, 멀쩡하던 하늘이 검게 뒤덮이며 굵은 빗방울이 쏟아졌다. 기와의 윤곽은 빗속에 번지고 대문은 그림자처럼 어두워졌다. 발길은 떨어지지 않았지만 이미 대답은 정해져 있었다.

우리는 점심도 거른 채 상행선 고속도로에 올랐다. 와이퍼는 억수 같은 빗줄기를 감당하지 못했고 번개는 하늘과 대지를 갈라놓듯 번쩍였다. 차멀미는 속을 뒤집어놓았지만 불현듯 웃음이 새어 나왔다. 스승님의 사주에는 천을귀인, '모든 일을 돕는 귀한 별'이 깃들어 있다. 어떤 난관도 결국 길이 열린다는 은근한 믿음이 있었다.

천신만고 끝에 파주에 도착했을 때, 나는 이미 젖은 낙엽처럼 몸이 지쳐 있었다. 스승님은 잠시 인사를 남기고 곧장 춘

천으로 향하셨다. 나는 집에 돌아오자마자 소파에 쓰러졌다. 창밖에서는 여전히 빗방울이 유리창을 두드리며 긴 여운을 남기고 있었다.

그런데 잠시 후, 반려견 가미가 베란다로 달려가 짖기 시작했다. 내려다보니 마당에 스승님의 차가 보였다. 현관문을 열자 젖은 손에 내 핸드폰을 들고 스승님이 서 계셨다.

"세상에, 그깟 핸드폰 하나 때문에 이 빗속을 다시 오신단 말입니까!"

차 안에 핸드폰을 두고 내린 제 부주의 때문에 벌어진 일인데 사과는커녕 걱정과 안타까움이 뒤섞여 목소리가 높아졌다. 스승님은 아무 대답도 하지 않고 핸드폰을 내밀었다. 그 눈빛에는 끝내 마무리해야 직성이 풀리는 성정이 고스란히 담겨 있었다. 결국 스승님은 죽음 같은 빗길을 다시 뚫고 밤이 깊어서야 춘천에 도착하셨다.

그날 밤, 나는 문득 생각했다.

'팔자 도망은 못 간다.'

되새겨보니 어쩌면 스승님의 판단이 더 정확했다. 햇볕이 잘 드는 고요한 외딴집, 그곳이야말로 운의 흐름 상 더 어울린다. 오늘 하루는 하늘이 던져준 단호한 가르침이었는지도 모른다.

스승님의 성품은 사주 그대로 세심하고 완벽하게 끝을 봐야 마음이 놓인다. 나는 시작부터 먼저 저지르고 보는 성정을 타고났다. 서로 다른 결이 얽히며 빚어낸 해프닝. 그러나 그것이야말로 인연의 무늬였다.

사람이 자기 사주를 안다는 것은 결국 자신을 이해하는 일이다. 길한 기운은 순순히 흘려 쓰고, 흉한 기운조차 거꾸로 다스리는 법. 운명의 결은 언제나 우리 곁에 고요히 흐르고 있었다.

적막한 외딴집을 찾아 헤맨 하루. 그 하루는 운명이 새겨놓은 발자국이었을지 모른다. 빗물이 고인 발자국 위로 별빛이 번져 흘러가고 있었다.

물의 깊이에서

물항아리를 씻을 때면, 나는 손을 담그기 전에 마음부터 가라앉힌다. 옹기 바닥에 고여 있던 묵은 물이 천천히 빠져나가는 동안, 말로 묶어 두지 못한 기억들도 자리를 옮긴다. 비워지는 것은 물이지만, 오래 눌러 두었던 마음의 여진도 흘러간다. 옹기를 비우고 바닥에 깔린 돌들을 하나하나 씻어 다시 물을 채우는 느린 순서 속에서 숨과 기운이 하나의 결로 가라앉고, 나는 그제야 비워진 자리의 깊이를 더듬는다.

며칠 전, 붉은 시간이 켜켜이 스며든 포기김치를 싸들고 S를 찾아갔다. 누군가는 이 집 김치를 두고 보통 김치와 다르다고 말했지만, 나는 그 말보다 김치 속에서 오래 움직였을 숨을 떠올렸다. 물속에서 보이지 않게 증식하던 미세한 것들처럼, 서로 다른 숨들이 안쪽에서 맞물리며 하나의 방향으로 모여들고 있었다. S와 함께 식탁을 차리며 나는 말을 아꼈다. 싱크대 위에 놓인 가위로 포기김치를 자르던 순간, S의 날 선 외침이 갑작스레 공기를 가르며 튀어 올랐다.

"그걸로 김치를 자르면 어떡해!"

나는 죄목조차 듣지 못한 채 심문대 앞에 세워진 사람처럼 얼어붙었다. 그 가위는 식가위가 아니라는 말이 이어졌고, 김치는 당장 버려야 한다는 단정이 덧붙여졌다. 나는 반사적으로 김치 그릇을 치우며 집에 도로 가져가겠다고 말했다. 그것만이 내가 할 수 있는 유일한 봉합처럼 느껴졌다. 말은 흘러갔지만 공기에는 이미 미세한 금이 나 있었다.

김치를 들고 집으로 돌아오는 길, 문득 울고 싶어졌다. 이해하지 못해서도, 억울해서도 아니었다. 오히려 이해하고 있다는 사실이 감정을 더 붙잡을 수 없게 만들었다. 논리는 제자리를 지키고 있었지만, 감정은 그 경계를 벗어나 흘렀다. 슬픔의 바닥을 더듬다 보니, 부뚜막에 묻힌 물항아리를 들여다보던 어린 시절의 내가 그 안에 웅크리고 있었다.

어린 날의 나는 항아리 바닥에서 가느다란 생명들이 꿈틀대는 모습을 오래 바라보곤 했다. 미세하고 느린 움직임, 물속에서만 가능한 생의 형상. 그것은 위협하지 않았지만, 질서 밖에 존재한다는 이유만으로도 충분히 두려웠다. 이해의 바깥에 있다는 사실 자체가 공포가 되었고, 그 공포에는 눈을 뗄 수 없는 매혹이 함께 달라붙어 있었다. 항아리를 들어내어 말끔히 씻고 싶었지만, 부뚜막에 깊게 박힌 항아리는 꺼낼 수도, 깨부술 수도 없었다. 고개를 깊이 숙일수록 어둠은 농도를 더했고, 그 속의 것들은 나를 시험하듯 미세하게 몸을 흔들었다.

고향집의 물항아리는 언제나 단단한 시멘트로 된 부뚜막 속에 깊이 박혀 있었다. 항아리 안으로 몸을 기울여 물때를 닦을 때마다, 나는 또 다른 행성으로 곤두박질칠 것 같은 공포를 느꼈다. 한 번 미끄러지면 영영 지구로 다시 돌아오지 못할 것만 같은 감각. 나에게 그 항아리는 하나의 세계였고, 그 속의 어둠은 끝을 알 수 없는 깊이였다. 마른 행주로 여러 번 닦아낸 뒤 우물집에서 물을 길어다 항아리를 채우면, 물에서는 이끼와 해조류가 뒤섞인 비릿한 냄새가 올라왔다. 그 맛이 싫어 갈증을 견디면서도, 나는 어두운 수면 위에 일그러져 비친 내 얼굴을 한참 동안 내려다보곤 했다. 세상을 삼킬 것 같은 물과, 그 물을 들여다보는 아이 사이에는 늘 보이지 않는 긴장이 흐르고 있었다. 나는 지금 그때의 아이처럼 울고 싶은 것이다.

S를 떠올리면 전혀 다른 차원의 풍경이 겹쳐진다. 그녀의 사주명식에는 한낮의 불이 두 겹으로 겹쳐 서 있고, 그 불을

건너온 물의 기운이 깊은 바닥에서 맥을 잇고 있다. 자라는 나무는 그 물을 받아 고요히 몸을 세우고, 흙은 중심을 놓치지 않으려 묵직하게 자리를 지킨다. 칼날 같은 금의 기운은 말이 없지만, 한 번 그어진 선은 좀처럼 흐려지지 않는다. 이 세계에서 경계는 장식이 아니라 호흡이다. 선이 흐트러지면 숨이 가빠지고, 질서가 바로 서야 비로소 안정을 찾는다. 식가위와 일반 가위를 나누는 일은 그래서 단순한 위생의 문제가 아니다. 그것은 사물과 사물 사이에 보이지 않는 선을 다시 긋는 일, 세계가 무너지지 않도록 하루의 균형을 붙잡아 두는 작은 의식에 가깝다.

그제야 알 것 같았다. 식가위가 아닌 가위로 김치를 자른 나의 손길이, 그녀에게는 물항아리 속에서 꿈틀대던 미생물처럼 보였을지도 모른다는 것을. 두 사건 사이에는 상전벽해의 간극이 있다. 그러나 그 앞에서 우리가 느낀 감정은 어쩌면 같았을 것이다. 견딜 수 없는 혼탁, 경계가 흐려질 때 밀려오는 공포. 나는 그 공포를 들여다보며 버텨왔고, S는 질서를 세워 밀어내며 세계를 지켜왔을 뿐이다.

죽고 사는 문제가 아니라면 나는 상대의 마음이 다칠까 봐 모른 척 넘어간다. 물이 스스로 가라앉기를 기다리는 성정이다. S는 반드시 잘못을 바로잡고 넘어간다. 금이 간 자리를 그대로 두지 않는 성정이다. 그 방식이 더 명료하고, 더 안전한 세계로 이어진다는 것도 알고 있다. 그래서 탓할 수 없다. 다만 그 옳음 앞에서 나는 늘 조금 긴장한다. 물항아리 속을 들여다보던 어린아이처럼, 깊이를 가늠할 수 없는 세상 앞에 홀로 선 기분으로.

오늘도 나는 항아리에 물을 채운다. 서로 다른 명식과 다른 공포, 다른 질서를 지닌 우리가 같은 식탁에 앉아 있다는 사실을 떠올리며. 완전히 이해하지 못하더라도, 각자의 방식으로 세계를 지켜내고 있다는 것만은 받아들이려 한다. 물은 스스로 길을 찾고, 누군가는 질서를 세워 세상을 지키며, 누군가는 혼탁을 견디며 깊이를 배운다. 그 깊이가 상처가 아니라 하나의 길이 되는 순간을 조용히 지켜본다.

물의 깊이에서

물은 언제나
비워진 자리로 흘러든다

소리 없이 익어 가는 것들
서로 다른 숨을 지닌 채
안쪽에서만 길을 바꾸며
하나의 방향을 수습한다

경계는 칼날처럼 서 있고
질서는 숨을 고르며
흔들리는 세계를 붙잡는다

나는 버리지 못한 혼탁을 안고
깊이를 배운다
깨뜨리지 않고
들여다보는 법을

어둠 속에서 꿈틀대던 것들
그 미세한 생의 떨림이
두려움이 아니라
길이 되는 순간을

오늘도 물은
말없이 가라앉고
나는 그 바닥에서
이름 없는 사유를 건져 올린다

불의 발판

잠들기 직전의 그 짧은 틈새, 나는 언제나 눈앞을 스치는 어둠의 결을 살핀다. 어둠은 깊은 물처럼 느리게 흔들리다가 어느 순간 문 하나를 열어 꿈의 세계로 나를 들여보낸다. 나는 늘 꿈을 기다린다. 꿈은 내가 평소에 다다르지 못하는 어떤 세계의 잔광을 가져오는 것 같다. 아침이면 그 잔광의 흔적들이 마치 보태니컬 화가가 남긴 필선처럼 섬세하게 되살아난다. 색과 향, 손끝의 체온까지도. 꿈을 기억할 수 있다는 사실이 때론 내가 받은 은밀한 축복 중 하나처럼 느껴진다.

산문집의 마지막 원고를 정리하던 어느 날 밤, 나는 어둠의 문이 열리길 기다릴 겨를도 없이 고단함에 밀려 잠에 빠져들었다. 어둠은 예고도 없이 깊숙한 곳에서 나를 건져 올려 넓은 광장 한 귀퉁이에 내려놓았다. 광장은 인파로 빼곡했고 사람들의 숨결은 어딘가 불안과 기대가 얽힌 느슨한 장막처럼 머물렀다.

내 옆에는 TV에서 여러 번 보았던, 매번 온화한 미소로 등장하던 그 남자가 서 있었다. 그는 사람들에게 둘러싸인 채 내게 고개를 숙이며 말했다.

"곧 제 차례입니다. 어서 그 책을 주세요."

순간 주변의 시선들이 일제히 나를 향해 꽂혔다. 수백 개의 눈동자가 내게서 뭔가 '빠짐없이 준비되어 있을 것'을 기대하는 기묘한 압력 같았다.

"오늘 워크숍 발표에 꼭 필요한 책이에요."

그의 말이 끝나자마자 내 심장은 급하게 뛰기 시작했다. 나는 자신의 목소리인지조차 모를 비명 같은 말과 함께 광장을 빠져나가기 시작했다.

"아, 그 책! 금방 가져올게요!"

달리는 와중에야 나는 그 책을 집에 두고 왔다는 사실을 떠올렸다. 변명할 여유도, 숨을 고를 여유도 없었다. 등 뒤에서 남자의 목소리가 멀어지다 다시 선명하게 닿았다.

"제목은 '불의 발판'입니다!"

그 네 글자가 주문처럼 머릿속에서 울렸다. 나는 길가로 뻗어 있는 고향 마을의 큰길을 익숙한 결로 달리고 있었다. 오래전 나의 어린 시절이 스며 있던 거리. 그리움과 피로가 엉

켜 있는 풍경이었다.

사거리엔 두 개의 서점이 있었고 나는 가장 가까운 서점으로 곧장 향했다. 문을 밀었을 때, 그곳은 이미 오래전 정리된 듯한 적막만 흩날렸다.

서점 주인의 동생이라는 남자가 나를 바라보며 고개를 저었다.

"오늘 문 닫았어요. 형님이 상을 당했거든요."

그는 영정사진이 들어 있는 작은 액자를 품에 안고 있었다. 갓 초등학생쯤 되어 보이는, 이제 막 웃음을 깨우려는 듯한 얼굴의 어린아이. 나는 위로의 말 대신 짧은 숨을 삼키고 다시 뛰었다.

두 번째 서점 또한 차갑게 잠겨 있었다. 문 앞에서 나는 마치 어딘가로 흘러가 버린 시간의 끄트머리에 서 있는 사람처럼 멍해져 있었다. 그때 한 젊은 여인이 내 어깨를 부드럽게 붙잡았다.

"괜찮아요. 이미 행사 다 끝났어요."

그녀는 숨 가쁘게 뛰어오느라 챙기지도 못했던 내 핸드폰을 내밀었다. 순간 핸드폰이 울렸고 화면엔 그 익숙한 남자의 이름이 떠 있었다. 그는 천천히 안심시키듯 말했다.

"연락이 안 돼서 많이 걱정했습니다. 발표는 잘 마쳤어요. 너무 염려하지 마세요."

조금 전까지만 해도 나를 짓누르던 공기가 서서히 풀리며 가라앉았다. 남자는 TV에서 보던 모습 그대로였고, 선해 보이는 목소리로 모든 일을 거둬 주었다. 그의 이름은 누구나 한 번쯤 들어본 LJY 회장이었다.

잠에서 깨어난 후, 나는 언제나처럼 꿈속 장면들을 천천히 복기했다. 유독 선명한 네 글자가 있었다. '불의 발판', 그 단어는 마치 어둠 속에서 오래 기다린 부호처럼 스스로 빛을 내고 있었다.

아침 산책을 하며 그 뜻을 곱씹던 중, 문득 오래전 사주를 공부하며 들었던 말이 떠올랐다. 내 사주팔자에는 '丁火정화'라는 작은 불꽃 하나가 네 개의 기둥 중 마지막 기둥의 천간에 홀로 놓여 있다는 것. 사주 전체를 통틀어 오직 하나뿐인 그 불꽃은 고전 명리에서 말하는 '시상일위격'의 사주였다.

어쩌면 인생의 후반부에 이르러 운명처럼 역술의 세계로 발을 들인 것 또한, 그 한 글자의 불꽃이 오래전부터 내 삶을 은근히 이끌어 왔기 때문일지도 모른다. 아무도 모르게 타오르고, 길을 비추고, 때로는 나를 다른 세계의 문턱으로 데려가던 작은 불꽃.

꿈속에서 등장한 이상한 책 제목, 낯설고도 낯익은 사람들이 꾸린 서사, 잊고 지냈던 고향의 풍경, 닫힌 문과 열리지 않은 시간들… 그 모든 것들이 하나의 문장처럼 모아져 있었다.

'불의 발판', 그 단단한 네 글자는 내 사주의 일주를 이루고 있는 절처봉생絶處逢生이 된 삶의 궤적과 맞닿아 있었다. 방황과 기억, 수행과 새로운 시작, 그리고 마침내 불꽃 하나를 찾아 나선 여정까지.

나는 이제야 알 것 같다. 내가 걸어온 길의 아래쪽, 한없이 어두운 심연과 겹겹의 그림자 속에서, 작고 희미하지만 꺼지지 않는 불꽃 하나가 언제나 나를 떠받치고 있었다는 사실을.

그 불꽃은 앞으로의 나를 어디로 이끌까. 아직은 모른다. 하지만 이제 나는 그 불꽃이 내 삶의 발판이라는 것을 주저없이 말할 수 있다.

불꽃 아래에서

어둠은 늘
내가 미처 닿지 못한 방향으로
조용히 문을 열어주었다.

흩어진 장면과 말들,
닫힌 문과 열리지 않은 시간들,
그 모든 것이 지나간 뒤에야 나는 알았다.

내 삶 아래엔
작은 불꽃 하나가
늘 나를 떠받치고 있었다는 것을.

스스로 빛을 내지 못하는 밤에도
그 불꽃은
내 안쪽 깊은 곳에서
천천히 나를 데우고 있었다.

방황은 길이 되었고,
기억은 발판이 되었으며,
나는 마침내 그 위에서
다시 한 걸음을 내딛는다.

불은 사라지지 않았다.
단지
나를 기다리고 있었을 뿐.

에필로그

아무 일도 없었던 듯,
그러나 분명히 지나간

가끔 나는 이 모든 시간이 한 편의 깊은 꿈이 아니었을까 생각한다. 아득한 기억처럼 부유하는 순간들, 이름 없는 누군가의 손길, 그리고 아무도 알아채지 못할 만큼 조용히 지나간 무수한 파동들.

그녀는, 그들은, 혹은 그것은 나의 상상이었을까, 무의식의 형상이었을까, 아니면 잠시 현실의 껍질을 열고 다녀간 또 다른 차원의 존재였을까. 설명할 수 없었기에 오히려 더 진실된 것이 있다면 그건 바로 느낌이었다. 내 마음이 흔들린 그 순간, 내 영혼이 알아본 그 파동.

지금도 여전히 나는 묻는다. 이 길은 어디에서 시작되었고 어디로 흘러가는가. 누가 나를 불렀고 나는 누구의 부름에 답하고 있는가.

삶이라는 건 어쩌면 끝없이 자신을 향해 되돌아가는 여정이며, 그 여정 위에서 만난 모든 이들은 결국 나의 파동이었고 나의 마음이었는지도 모른다.

이제, 아주 작게 숨을 들이쉬며 나는 이 이야기를 조용히 닫는다. 마치 아무 일도 없었던 듯, 그러나 분명히 지나간 무언가가 나를 통과했다는 것을 당신도 알고 있으리라.